한 크리스천 상담학자의

묵상

성경, 심리, 그리고 삶의 이야기

한 크리스쳔 상담학자의 묵상

묵상

성경, 심리, 그리고 삶의 이야기

이관직

지혜와 사랑

Preface

저자 서문

　『찬송과 목회상담』(생명의 말씀사)이 출간된 후 만 10년이 지났다. 그 책은 찬송가 가사를 중심으로 목회상담적인 요소들과 연결짓기를 해서 쓴 책이었다. 시간이 흘러 돌아볼 때 책의 내용이 참 부족했음을 새삼 느낀다. 최근 절판을 결정한 후에 이 책의 일부 내용들을 되살려 새로운 책으로 독자들에게 전달하고 싶어 겨울방학을 이용해서 수정 보완하여 마침내 출간하게 됨을 기쁘게 생각한다. 이전 책의 일부 내용은 여전히 새로운 이 책의 서문의 일부로 인용되어도 적절하다고 생각한다:

　　이 책의 내용은 목회상담학자로서 필자가 독자 여러분과 나누고 싶은 신앙고백적인 반추를 담고 있다. 책으로 펴내기에 부끄러울 정도로 부족한 글이지만 용기를 내어 세상에 내어 놓는다. 독자들 중에 예수님을 모르는 분이 이 책을 읽게 된다면 이 책을 읽는 과정에서 성령 하나님께서 마음의 눈을 열어 주셔서 예수님을 영접할 수 있게 되기를 기도한다. 그리고 예수님 안에서 믿음의 형제 자매 된 분이 이 책을 읽게 된다면 글을 통해 신앙적으로 새 힘을 얻으며 세상에서의 삶이 얼마나 잠정적인 것인가를 깨닫고 영원한 하나님과의 관계에서 오는 참 기쁨과 평강을 누릴 수 있기를 기도한다.

이 책은 크게 두 부분으로 나누어져 있다. 저자는 이 책에서 바울의 서신들이 갖고 있는 특징인 교리적인 부분과 실천적인 부분으로 주제들을 나누었다. 물론 교리적인 주제 속에도 실천적인 내용이 연결되어 있고 실천적인 주제 속에도 교리적인 내용이 연결되어 있을 것이다.

저자는 두 글자의 단어로 일관성 있게 각 장의 제목을 정했다. 각 장의 주제가 아주 매끄럽게 연결된 것은 아니지만 저자의 생각에 연결되는 주제들을 가까이 배치하고자 했다. 제 I부는 복음, 순종, 용서, 원수, 마귀, 성화, 종말이라는 주제를 다루었다. 제 II부는 소외, 불안, 중독, 위기, 고난, 자기, 그리고 이웃이라는 주제를 다루었다. 가장 많은 분량을 차지한 주제는 성화다. 구원 이후의 삶이 성도들이 씨름하는 성화의 삶이라는 점에서 자연스럽게 많은 지면을 할애하게 되었다. 일부의 주제는 간단하게 언급하고 지나가는 정도로 다루었음에 대해 독자 여러분의 양해를 바란다. 수정보완 하는 과정에서 성경본문들을 가능하면 직접 인용하고자 했다. 주석은 대부분 생략했음을 밝힌다. 본문에서 저자를 표현하는 부분에서는 독자들과 거리를 좁히기 위해서 일인칭으로 표현했다. 독자를 표현할 때에는 성도 또는 우리라는 표현을 사용했다.

이 책은 순서대로 읽어야 하는 책은 아니다. 관심이 있는 주제를 다룬 장을 먼저 읽어도 무방하다. 각 장의 소주제들은 짧은 각 글에 대해서 저자의 관점에서 적절하다고 여겨지는 제목을 붙인 것이다. 독자가 글을 읽는데 도움이 되는 제목이 되길 기대한다. 이 책은 기독교 신앙을 가진 성도들을 염두에 두고 썼다. 상담과정에 있는 내담자에게도 유익하리라 생각한다.

이 책이 출간될 될 수 있도록 기꺼이 출간을 맡아준 지혜와 사랑 출판사의 문희경 대표에게 진심으로 감사한다. 지혜와 사랑이 기독교상담 분야의 책들을 많이 소개하며 독자들의 사랑받는 출판사로 성장해가기를 바란다. *Soli Deo gloria!*

2016년 4월 1일

저자 **이관직**

목차

제 I 부

Meditations

복음 1: 복음의 양면성

예수님의 얼굴을 직접 볼 수 있었던 사람들은 제자들과 그 당시의 사람들이었다. 제자들에게 예수님의 얼굴은 영광스럽고 사랑스러운 얼굴이었다. 그러나 예수님을 미워하며 시기했던 제사장들과 서기관들 및 바리새인들에게 예수님의 얼굴은 '나쁜 대상 이미지' 그 자체였다. 그래서 그들은 기회가 있는 대로 예수님을 죽이고자 했다.

예수님은 성도들에게 너무나 '좋은 대상'이시다. 그러나 믿지 않는 자들에게는 '나쁜 대상'으로 경험된다. 바울은 이것을 '냄새' 또는 '향기'로 묘사했다. 복음은 "그리스도를 아는 냄새"를 드러낸다(고후 2:14). 성도는 "구원받는 자들에게나 망하는 자들에게나 하나님 앞에서 그리스도의 향기"다(고후 2:15). 그런데 복음과 성도는 망하는 자들에게는 "사망으로부터 사망에 이르는 냄

새"다(고후 2:16). 복음은 택함을 받지 못한 자들에게 사망의 냄새를 풍기기 때문에 그들은 복음을 혐오하며 회피한다. 바울은 예수 그리스도의 십자가가 "유대인에게는 거리끼는 것이요 이방인에게는 미련한 것이로되 오직 부르심을 입은 자들에게는 유대인이나 헬라인이나 그리스도는 하나님의 능력이요 하나님의 지혜니라"(고전 1:23-24)고 이 역동성을 잘 지적하였다.

복음 2: 자리바꿈

주님이 우리에게 베푸신 은혜를 헤아려 보면 감사의 고백이 입에서 저절로 흘러나올 수밖에 없다. 그 무엇보다도 구원의 반열에 우리를 세워주신 것 자체가 말로 표현할 수 없는 은총이다. 고 옥한흠 목사님이 구원의 은총에 대하여 설교하시면서 루터의 말을 인용하여 '자리 바꿈'이란 표현을 쓰셨던 것이 기억난다. 죄로 영원히 죽어야 마땅한 우리의 자리에 예수님이 대신 서시고 예수님이 서신 자리에 우리를 대신 세우신 것이 십자가의 대속적(redemptive) 죽음의 의미이다. 이제는 누구도 우리를 정죄할 수 없다. 바울 사도의 표현으로 하자면 '자리 바꿈'은 '그리스도 안에서'의 의미와 같다: "그러므로 이제 그리스도 예수 안에 있는 자에게는 결코 정죄함이 없나니 이는 그리스도 예수 안에 있는 생명의 성령의 법이 죄와 사망의 법에서 너를 해방하였음이라"(롬 8:1-2). 예수님께서 우리가 받아야 할 죄 형벌을 대신해서 해결해주셨음을 확신할 때 감사와 기쁨, 자유와 해방의 삶을 살 수 있다.

복음 3: 관계장애인 죄를 해결하신 그리스도

어느 미국인 목사님이 그의 설교 중에서 죄를 '관계 장애'라고 정의하는 것을 들은 적이 있다. 통찰력 있는 지적이다. 첫 사람 아담과 하와가 하나님의 명령을 어기는 죄를 범했을 때 그들은 하나님의 낯을 피했다. 하나님과의 관계에 질서가 깨어진 것이다. 뿐만 아니라 아담과 하와 사이에서 그들은 수치감으로 자신을 가리는 방어적인 태도를 취했다. 하나님 앞에서 그들은 자신의 불안을 처리하기에 급급했다. 남편이 아내를 다스리는 관계로 변하게 되었다(창 3:16 참조). 이와 같이 죄는 하나님과 인간 사이에서, 인간과 인간 사이에서 관계를 제대로 맺을 수 없게끔 한다. 죄가 머물러 있는 한 용서와 화해, 회복, 해방, 치유가 일어날 수 없다. 죄가 있는 한 하나님과 영생의 관계를 맺을 수 없다.

이 관계 장애를 회복할 수 있는 열쇠는 인간에게 없다. 어떤 종교적인 행위나 자선으로 회복하고 치료할 수 없다. 인간 사이의 관계 장애도 궁극적으로 회복할 수 없다. 잠정적인 평화와 용서와 화해는 이룰 수 있지만 하나님이 원하시는 이웃 사랑을 할 수 있는 능력이 없다. 하나님 자신만이 이 관계 장애를 치유하실 수 있다. 그래서 성자 하나님 예수 그리스도가 이 땅에 오셔서 죄의 문제를 해결하시고 화해와 화목의 길을 열어주신 것이다. 그분을 통하지 않고서는 하나님과 관계를 회복할 수 있는 구원의 길이 없다: "내가 곧 길이요 진리요 생명이니 나로 말미암지 않고는 아버지께로 올 자가 없느니라"(요 14:6).

복음 4: 예수님의 보혈의 능력

세상적인 기준에서 아무리 크고 중한 죄라고 할지라도 예수님의 십자가의 보혈로써 용서하지 못하는 죄는 없다. 사람들이 더 이상 가능성이 없는 자라고 포기한 자 할지라도 말이다. 스스로 가능성이 없다고 포기한 자라고 할지라도 십자가를 붙들고 예수 그리스도를 구속주로 고백하는 자에게 십자가의 복음은 속죄하며 구원하며 회복시키는 능력이 있다. 인류의 모든 죄악도 넉넉히 감당할 수 있는 용서 능력이 십자가의 보혈에 있다.

대구동부교회의 김서택 목사님은 그의 설교 중에서 프로 야구 선수들을 트레이드 하는 것을 비유로 예수님의 몸값을 설명한 적이 있다. 유명 야구 선수 한 명의 몸값은 좀 떨어지는 선수 서너 명의 몸값보다 더 인정을 받아 트레이드가 된다. 김목사님은 예수님의 몸값은 역사상에 존재했던 모든 인간들의 몸값을 합친 것보다 비교할 수 없을 만큼 가치가 있다고 설교했다. 예수님의 보혈은 이 세상에서 살아갔던 모든 사람들의 피값을 합친 것보다 더 가치가 있다. 그리고 모든 인간들의 죄악을 능히 사하실 수 있는 능력이 있다. 지은 죄가 너무 많아서 하나님께로 돌아갈 수 없다고 말하는 것은 겉으로는 겸손한 것처럼 들린다. 그러나 실상은 십자가의 구속 능력을 과소평가 하는 교만한 말이다.

복음 5: 친구 되신 예수 그리스도

우리를 위해 십자가 죽음이라는 값을 매길 수 없는 대가를 지불하신 예수님이 우리를 친구로 삼으셨다. 예수님이 우리의 친구라고 생각하면 감격스럽고 송구스럽다. 세상에서는 친구가 한 명도 없는 성도라 할지라도 예수님은 그에게 진정한 친구시다. 목숨까지 아끼지 않으신 진정한 친구다.

진정한 친구에게는 마음을 터놓고 이야기할 수 있다. 진정한 친구에게는 어떤 이야기도 허물이 되지 않는다. 신뢰할 수 있으며 두려움을 느끼지 않는다. 예수님은 결코 배신하는 친구가 아니다. 오히려 자신을 배신한 베드로를 찾아오셔서 회복시킨 신실한 친구다. 그는 죄인의 친구가 되기를 자청하시고 즐겨하신다. 죄인을 좋아하신다. 세리와 창녀의 친구가 되신다. 죄인만이 그 분의 사랑을 느낄 수 있다. 그래서 바울은 "죄가 더한 곳에 은혜가 더욱 넘쳤나니"(롬 5:20)라고 표현했다. 스스로 의인이라고 여기는 자는 그분의 사랑을 가슴으로 느낄 수 없다. 필요성을 느끼지 못하기 때문이다. 이전에 우리는 십자가와 원수였다. 죄인이었다. 그러나 이제는 예수님과 친구다.

복음 6: 온유하신 하나님

삼위 하나님은 온유하신 분이다. 예수님은 친히 "나는 마음이 온유하고 겸손하니 나의 멍에를 메고 내게 배우라"고 말씀하셨다(마 11:29). 온유한 마음은 마음이 넓은 것을 의미한다. 예수 그리스도의 십자가를 붙들고 회개하면 어떤 죄악도 용서하실 수 있는 능력과 맷집이 그에게 있다. 그의 온유한 마음의 사랑의 너비와 길이와 깊이와 높이를 깨달아 가는 것이 성도의 삶의 과정이다(엡 3:19 참조).

하나님의 넓은 품에 안기면 쉼과 안식이 있다. 하나님은 회개하고 돌아오는 자를 정죄하지 않으시고 얼싸안아주신다(눅 15:20-24 참조). 주님에게 돌아가기만 하면 언제든지 누구든지 맞아주신다는 것이 복음이다.

복음 7: 생명 샘물 1

예수님만이 진정한 샘이며 최고의 샘이다. 세상의 그 어떤 것도 진정한 샘물을 제공해줄 수 없다. 광야생활에서 이스라엘 백성들이 다 마시고도 넘쳐났던 반석의 물은 예수 그리스도를 예표하는 것이다(고전 10:4 참조). 예수님은 믿는 자들이 받을 성령을 가리켜 말씀하시면서 "누구든지 목마르거든 내게로 와서 마시라 나를 믿는 자는 성경에 이름과 같이 그 배에서 생수의 강이 흘러나리라"(요 7:37b-38)고 말씀하셨다. 예수님께 나아오는 자의 마음에 성령이 내주하시며 충만하게 역사하신다.

복음 8: 생명 샘물 2

예수 그리스도의 생명 샘에서 흘러나오는 샘물은 줄을 서서 한참 기다려야 마실 수 있는 샘물이 아니다. 콸콸 솟아나서 수백만 명이라도 동시에 마실 수 있는 놀라운 샘물이다. 바울 사도는 이 생명 샘이 되신 예수 그리스도를 광야에서 이스라엘 백성들이 반석에서 마셨던 신령한 음료라고 잘 연결시켰다: "다 같은 신령한 음료를 마셨으니 이는 그들을 따르는 신령한 반석으로부터 마셨으매 그 반석은 곧 그리스도시라"(고전 10:4). 이 샘은 모세의 시대에는 광야에서 흘렀고 오순절 성령 강림을 통하여 예루살렘으로부터 흘러나와 유대와 사마리아와 로마와 전 유럽과 미국과 한국, 중국, 아프리카 대륙으로 계속해서 흘러가며 큰 강을 이루고 있다. 아직도 이 샘물을 발견하지 못하고 목말라 애타게 찾고 있는 수많은 사람들이 이 땅에 살고 있다. 그들에게 생명수가 필요하다. 세상이 약속하는 물은 "마시는 자마다 다시 목마르려니와" 예수 그리스도가 주는 물을 "마시는 자는 영원히 목마르지 아니"할 것이다(요 4:13, 14).

복음 9: 생명 샘물 3

예수님이 오신 이후에 모든 인류는 누구든지 생명 샘에 오기만 하면 마실 수 있는 초대를 받았다. 남녀노소나 인종을 구별하지 않고 누구나 이 생명 샘으로 오기만 하면 마실 수 있다. 오라고 초대했음에도 불구하고 오지 않는 사람은 결코 마실 수 없다. 이 물을 마시지 않는 사람은 영원히 멸망한다.

"오호라[오라] 너희 목마른 자들아 물로 나아오라 돈 없는 자도 오라 너희는 와서 사 먹되 돈 없이, 값 없이 와서 포도주와 젖을 사라"(사 55:1)고 하나님은 모든 인간들에게 지금도 초대하신다. 하나님은 있는 모습 그대로 나아오는 것을 원하신다. 교회는 바로 이런 곳이 되어야 한다. 교회는 죄인이 죄인 모습 그대로 나아와서 변화하도록 돕는 곳이다. 의인이 되어야 성도가 되는 것이 아니다. 창녀나 세리나 세상에서 비난받는 그 어떠한 사람도 이 샘에 와서 흐르는 물을 마시고 생명을 얻을 수 있다는 것이 복음의 핵심이다. 예수님은 세리와 죄인들과 함께 먹는다고 비난하는 바리새인들을 향하여 "나는 의인을 부르러 온 것이 아니요 죄인을 브르러 왔노라"(마 9:13)고 복음의 진수를 말씀하셨다. 생명수는 남녀노소 또는 빈부귀천을 차별하지 않는다. 하나님은 편애하는 분이 아니다. 인간을 외모로 보고 혹은 조건을 보고 구원하시는 분이 아니다. 무조건적인 은총과 사랑을 하나님이 예수 그리스도를 통해서 베푸셨다는 것이 복음의 메시지다.

복음 10: 생명 샘물 4

에스겔은 성전에서 흘러나오는 물이 나중에는 사람이 능히 건너지 못할 강이 되며 그 강물이 바다로 흘러 들어가 바닷물이 소생하며 강물이 이르는 곳마다 모든 생물이 번성하는 것을 환상을 통해 보았다(겔 47:1-12 참조). 이 성전은 예수님을 상징한다. "너희가 이 성전을 헐라 내가 사흘 동안에 일으키리라"(요 2:19)고 말씀하신 예수님은 하나님과 인간이 만나 화목을 이루는 장소인 성전이 되셨다.

그 성전에서 흘러나오는 생명수는 인간뿐만 아니라 피조 세계를 새롭게 하는 놀라운 역사를 일으키는 능력이 있다. 우리의 마음에 흘러 들어올 때 죄로 오염된 마음이 성결하게 되는 역사가 일어난다. 깨어진 마음, 상처 난 마음, 분열된 마음, 중독된 마음이 회복되며 온전하게 된다. 그 생명수가 우리의 가정에 흘러 들어올 때 부부 사이의 갈등과 부모와 자식 사이의 분노와 아픔과 상처가 아물어지는 놀라운 치유가 일어난다. 교회와 사회와 국가에 생명수가 흘러 들어갈 때 정의와 사랑이 실현되어진다. 전인격적이며 진정한 치유는 예수님의 십자가에서 흐르는 보혈로만 일어날 수 있다.

복음 11: 생명 샘물 5

샘물의 근원은 어린 양 예수의 보좌이다. 에스겔이 보았던 성전에서 흘러나오는 물이 온 세계에 흐르는 환상은 예수 그리스도를 보혈을 통해 온 세상에 구원의 길이 열릴 것을 예표하는 것이다. 이 물은 능히 헤엄쳐 건너기가 힘들 정도의 큰물을 이루는 것이며 결코 메마르지 않는 물이다(겔 47:1-12 참조).

여호와를 아는 지식이 물이 바다를 덮음같이 온 세계를 덮는 날을 바라보며 세계 만방에 복음을 전해야 한다. 우리 한 사람 한사람은 성령을 모시고 살아가는 작은 성전이다. 우리에게서 흘러나오는 물이 주변에 있는 사람들을 그리스도께로 인도하는 수단이 되며 우리를 통해 예수님이 하셨던 복음전파와 치유사역이 일어나야 한다. 성전에서 흘러나오는 생명수가 흘러 들어가는 곳에는 물고기가 다시 뛰어 놀며 오염되었던 물이 밀려나가는 역사가 일어날 수 있다.

복음 12: 생명 샘물 6

생명샘물은 성령의 충만을 의미한다. 성령 충만은 간구하는 자에게 풍성하게 주시는 선물이다. 에덴에서 쫓겨난 아담과 하와는 생명실과를 따먹지 못하도록 화염검으로 접근 금지 명령을 받았다. 그러나 예수 그리스도를 통해 우리는 이 생명 샘에 나아갈 수 있는 허락과 초대를 받았다. 선한 목자의 인도함을 받는 양들처럼 믿는 자들은 푸른 초장으로 인도함을 받고 쉴만한 물가로 인도함을 받는다. 물가에 심겨진 나무는 가뭄이 와도 시들지 않는 것처럼 생명 샘에 뿌리를 박고 그 물을 마시는 자는 그 영혼이 시들지 않는다.

복음 13: 생명 샘물 7

예수 그리스도로 말미암는 생명수는 우리의 삶의 전 영역으로 흘러야 한다. 어느 한 부분에서라도 막히면 안 된다. 마치 피가 몸 전체에 다 흘러야 사람이 살 수 있듯이 생명수도 우리의 삶 전체 영역에 흘러야 건강한 삶을 살 수 있다. 삶의 전 영역을 이 샘물로 해갈시키며 치유하며 변화하는 역사가 일어나야 한다. 또한 우리가 속한 가족과 교회와 사회와 국가가 변화할 수 있도록 우리가 생명 샘물의 채널이 되어야 한다.

복음 14: 복음 자체이신 예수 그리스도

기독교는 스스로의 힘으로 구원 얻는 종교가 아니다. 은총의 종교이다. 이미 이루어놓은 구원을 믿음으로 영접하는 것이다. 마치 광야에서 뱀에 물렸지만 높이 세워진 구리 뱀을 바라보는 자마다 다 치유된 것과 같다.

골고다에서 흘러내리는 예수님의 보혈을 마시는 자는 그 사람의 혈관에 예수의 피가 흐르는 사람이다. 성찬식의 현장에서 우리는 예수 그리스도의 보혈을 상징하는 포도주를 마심으로써 그와 합일된 삶을 살고 있음을 확인한다. 바울의 고백처럼 "이제는 내가 사는 것이 아니요 내 안에 그리스도께서 사신 것이라"(갈 2:20)고 고백하는 삶이 십자가에서 그리스도와 함께 죽고 그리스도와 함께 부활한 성도의 삶이다.

복음 15: 예수 그리스도는 대속제물

인간이 하나님의 집으로부터 쫓겨나야 했던 이유는 하나님의 말씀에 불순종하고 교만하게 행동한데 있었다. 아담과 하와를 비롯한 모든 인간들은 죄악으로 말미암아 낙원을 잃었다. 그리고 하나님의 품으로부터 쫓겨날 수밖에 없었다. 거룩하신 하나님에게 죄인은 가까이 접근할 수 없기 때문이다.

그러나 하나님은 에덴으로부터 쫓겨난 인간을 구속하기 위하여 죄 없으신 예수 그리스도를 두 번째 아담으로서 십자가에서 죄의 대속물로 죽게 하셨다(롬 5:17 참조). 친히 죄의 대가를 치르심으로 하나님의 공의를 스스로 만족시키시고 자신의 사랑을 보여주셨다: "하나님이 세상을 이처럼 사랑하사 독생자를 주셨으니 이는 그를 믿는 자마다 멸망하지 않고 영생을 얻게 하려 하심이라"(요 3:16).

복음 16: 해방

하나님은 구약 율법을 통해 종으로 팔린 후에 안식년을 일곱 번 지낸 후 그 다음해 즉 50년이 되는 해를 '희년'으로 규정하고 그 종이 주인으로부터 완전히 자유롭게 하셨다. 이사야 선지자는 메시야에 대한 예언을 하는 부분에서 이 희년을 '주의 은혜의 해'라고 불렀다(사 61:2a 참조). 예수님께서는 이사야의 이 예언을 인용하면서 자신의 사역의 목적을 분명히 하셨다: "주의 성령이 내게

임하셨으니 이는 가난한 자에게 복음을 전하게 하시려고 내게 기름을 부으시고 나를 보내사 포로 된 자에게 자유를 눈먼 자에게 다시 보게 함을 전파하며 눌린 자를 자유롭게 하고 주의 은혜의 해를 전파하게 하려 하심이라"(눅 4:18-19). 예수님의 사역의 목표는 사람들을 죄로부터 해방시켜 자유민으로서 살도록 하는데 있다. 그는 죄에 포로가 되어 있는 자를 자유롭게 하신다. 육신적인 소경을 고쳐주시기도 했지만 영적인 눈이 어두운 사람들에게 눈을 열어주신다. 마음의 감옥 속에 갇혀서 밖으로 나오지 못하고 자포자기의 상태에 살아가는 자들에게 "외양간에서 나온 송아지처럼" 자유롭게 하신다(말 4:2 참조). 그리고 여러 가지 내적 혹은 외적인 억압들로부터 풀어주신다. 각종 중독으로부터 자유하게 하신다.

복음 17: 복음과 자존감

열등감에 시달리는 크리스천들이 적지 않다. 어느 정도의 열등감은 보다 나은 발전을 위한 동기를 제공할 수 있는 긍정적인 면도 없지 않다. 하지만 복음을 진정으로 이해하고 받아들이면 왜곡된 나르시시즘으로부터 벗어나 하나님을 섬기는 존재로서 정체성을 확립할 수 있다. 그리고 열등감으로부터 자유할 수 있다. 흔들리지 않는 복음의 터 위에 자기 가치감을 세울 수 있다. 세상을 창조하신 만유의 주 하나님이 하늘 아버지이며 자신은 그분의 아들 또는 딸이라는 사실을 믿을 수 있다. 이런 사람은 외적인 조건에 흔들리지 않는 자존감을 갖고 이 땅에서 당당하게 살 수 있다.

복음 18: 하나님이 찾아오심

복음의 핵심은 금지한 선악과를 먹음으로써 하나님께 불순종하여 죄책감과 수치감으로 숨어있던 아담과 하와에게 하나님이 먼저 찾아오셨다는 사실에 있다(창 3:8-10 참조). 기독교는 인간이 하나님을 찾아가는 종교가 아니다. 하나님이 인간을 먼저 찾아오시고 구원하시는 종교다. "아담아 네가 어디 있느냐?"는 물음은 하나님이 모든 인간에게 주신 초대장이다. 문 밖에서 두드리는 예수님의 음성을 듣고 문을 열면 하나님의 자녀가 되는 특권을 누릴 수 있다(계 3:20 참조).

복음 19: 죄인을 부르심

예수님은 죄인을 불러 회개시켜 하나님의 자녀를 삼으시려고 세상에 오셨다(마 9:13 참조). 상처가 많고 세상에서는 비천하게 대우받고 관심의 대상이 되지 못하는 자라고 할지라도 예수님의 눈에는 너무나 사랑스러운 '대상'이다. 예수님은 한 생명을 천하보다 귀하게 보신다. 그래서 죄인들을 구원하기 위하여 십자가의 고통을 감내하셨다. 예수님은 공생애 사역 기간 동안 소외된 자, 가난한 자, 소경, 창녀와 세리를 마다하지 않으시고 만나주셨다. 그들이 천국을 소유할 수 있도록 몸소 찾아가셨다. 가족과 마을 사람들이 포기했던 사람인 거라사의 광인을 만나기 위해서 밤새도록 폭풍우에 시달리면서도 갈릴리 호수를 건너가 그를 귀신들림으로부터 자유로운 몸이 되게 해주셨다(마 4:36-5:21 참조). 마을 사람들로부터 소외되고 수치심을 느끼며 살아가던 한 사마리아 여인에게 찾아가서 그녀가 참 생명수를 발견하도록 만나주셨다(요 4:5-30 참조).

복음 20: 예수님만의 십자가

예수님께서 달리셨던 십자가는 세상의 그 누구도 대신 달릴 수 없는 십자가였다. 예수님의 좌우편에 두 강도가 십자가에 달렸지만 그들의 십자가와 예수님의 십자가는 본질적으로 그 의미가 전혀 달랐다. 참 하나님이자 참 사람이며 흠과 죄가 없는 그 분만이 온 세상의 죄를 대신해서 십자가를 지실 수 있었다. 그리고 그 십자가는 단번에 그리고 영원히 효력을 발휘하는 것이었다(히 10:10-14 참조).

복음 21: 복음 전도

우리의 인생이 마치는 날, 예수님이 세상을 심판하러 다시 오시는 날 천군천사들과 뭇성도들이 우리를 환영해준다면 그보다 더 기쁜 일이 어디 있을까? 이 좋은 천국을 우리만 간다면 또한 얼마나 안타까운 일일까? 천국에서 이산가족이 된다면 영영 다시 상봉

할 수 없다. 아내는 천국에 있는데 남편은 지옥에 있고 부모는 지옥에 있는데 자식은 천국에 있게 된다면 너무 안타까운 일이다. 이 땅에 살고 있는 동안 먼저 우리 자신의 구원을 이룰 수 있도록 게으르지 않는 삶을 살아야 할 것이다. 그리고 다른 지방이나 다른 나라에 가서 복음을 전하지는 못한다고 할지라도 가장 가까운 곳에 있는 가족과 이웃에게 복음을 전하는 삶을 살아야 한다.

순종 1: 자발적 순종

우리가 예수님을 처음 영접했을 때 가졌던 그 감격이 마음에 완전히 각인이 되어 그 뒤로부터는 예수님이 아닌 것은 무엇이든지 다 피하고 예수님만 따라갈 수만 있으면 얼마나 좋을까 생각해본다. 대부분의 가축 동물들은 처음 경험한 대상을 끝까지 따르는데 인간은 그렇지 못하다. "소는 그 임자를 알고 나귀는 주인의 구유를 알건마는 이스라엘은 알지 못하고 나의 백성은 깨닫지 못하는도다"(사 1:3)라고 이스라엘 백성을 진단한 하나님의 말씀은 오늘도 유효하다. 믿는 우리도 하나님께 처음부터 끝끝지 충성스럽지 못하며 우상을 따라갈 소지가 충분히 있다. 그러나 하나님은 우리를 동물처럼 각인시켜 관계하기를 원하지 않으신다. 기계적으로, 본능적으로 따라가는 것을 원치 않으시고 자발적으로 따르는 것을 원하신다. 선택의 자유를 주신다.

순종 2: 불순종의 본성

예수님은 우리가 순종하는 모습을 기뻐하신다. 못된 송아지처럼, 길들여지지 않은 야생마처럼 제 마음대로 하는 것을 기뻐하지 않으신다. 수동공격성 성격장애자들은 순종을 잘 하지 않는다. 권위에 대해서 저항하며 무조건 거부감을 느끼는 경향을 갖고 있다. 겉으로는 순종하는 척하지만 뒤로 돌아서서 자기 뜻대로 한다.

에덴동산에서부터 인간은 주어진 자유를 가지고 순종하지 않았다. 원죄로 인해서 모든 인간은 하나님께 불순종하는 본성을 갖고 있다. 그러나 복음 안에서 새로운 피조물이 된 우리는 불순종의 옛 사람을 벗어버리고 십자가에 죽기까지 순종하신 예수님 안에서 새 자기의 옷 입어야 한다.

하나님께 순종하는 사람은 하나님께 전적으로 의지한다. 인간은 하나님을 의지하지 않으면 자신을 의지한다. 사람을 의지하며 세상적인 것을 의지한다. 이런 자는 주님을 온전히 의지하지 못한다. 마음의 왕좌에 여전히 자기 자신이 앉으려고 한다.

순종 3: 의존성 성격장애

의존성 성격장애를 가진 사람은 누군가 의존할 수 있는 사람이 곁에 있어야 살 수 있다. 그는 스스로 결정하지 못한다. 자주 머뭇거리고 자신감이 없다. 결정을 상대방에게 미룬다. 겉으로 보면 순종을 잘하는 것처럼 보일 수 있다. 그러나 실제로는 내적인 힘이 약해서 그렇게 행동할 따름이다. 심하면 로봇 같은 인간으로 산다. 하라고 하면 하라는 것만 할 줄 알지 그 외의 것은 스스로 알아서 하지 못한다. 명백한 하나님의 뜻에 순종하는 것은 할 수 있을지 모르지만 분명하게 드러나지 않는 하나님의 뜻에 대해서는 모험하지 못한다.

의존적인 사람들은 하나님의 뜻을 분별하고 순종할 때 목회자나 영향력 있는 성도에게 지나치게 의존할 가능성이 높다. 의존단계를 벗어나지 못한다. 분별력이 약하기 때문에 이단의 밥이 될 취약성이 높다.

순종 4: 불순종과 심판

공동체 전체적으로 하나님을 의지하고 순종하지 않을 때 복 대신에 심판을 현세에서도 받을 수 있다. 롯이 살았던 소돔은 의인 열 명이 없어서 유황불의 심판을 받았다. 소돔과 고모라의 심판은 오고 오는 세대에 교훈을 주시기 위한 본보기이다: "롯의 때와 같으리니 사람들이 먹고 마시고 사고 팔고 심고 집을 짓더니 롯이 소돔에서 나가던 날에 하늘로부터 불과 유황이 비오듯 하여 그들을 멸망시켰느니라 인자가 나타나는 날에도 이러하리라"(눅 17:28-30). 분열 왕국 시대의 북쪽 이스라엘과 남쪽 유다는 하나님 대신에 점점 이방 신들을 의지하였다. 보이지 않는 하나님 대신에 보이는 말과 병거를 의지하였다. 마침내 그들은 앗수르와 바벨론에게 철저하게 멸망당하고 말았다.

오늘날도 하나님은 교회나 국가를 세우기도 하시고 폐하기도 하신다. 특히 하나님의 교회가 하나님을 의지하지 않고 순종하지 않으면 소아시아 일곱 교회를 향한 경계의 말씀처럼 촛대를 옮기실 것이다. 이 사실을 명심하고 늘 순종하는 한국 교회 공동체가 되어야 할 것이다.

순종 5: 불순종의 여러 양상들

하나님의 말씀에 불순종하는 것은 여러 모습으로 나타난다. 순종하는 척할 수 있다. 태만하게 하는 사보타지 행동을 보일 수 있다. 억지로 순종하는 경우도 있다. 마감일을 지키지 못하고 미루는 경우도 있다. 또는 회피하거나 아예 도망하는 행동을 보이기까지 한다.

구약에 나오는 요나 선지자는 하나님의 명령에 기꺼이 순종하지 않았다. 그래서 그는 가라고 지시를 받은 도시 니느웨의 정반대 방향에 위치한 도시 다시스로 가는 배를 탔다. 자신의 불순종으로 배에 함께 탔던 많은 사람들이 고통을 겪었다. 마침내 바다에 던져졌고 큰 물고기 뱃속에서 삼일 동안 고난을 겪었다. 회개하고 니느웨에 가서 심판을 외쳤다. 그러나 막상 니느웨가 회개할 때 그는 분노로 반응했다. 니느웨를 향한 하나님의 긍휼심과 자비심을 갖지 못했기 때문이다. 적국인 앗수르의 백성들이 회개하는 것을 그는 원치 않았던 것이다.

예수님의 비유에서 나오는 한 달란트 받은 종은 주인을 마음이 닫힌 사람으로 오해하고 주인의 중심을 읽지 못했다. 그는 모험하기를 두려워했다. 혹시라도 손해 볼 경우를 염두에 두고 한 달란트를 땅에 묻어두고 지냈다. 상담학적인 관점에서 이해한다면 그는 완벽주의를 가진 사람으로 이해될 수 있다. 완벽하게 성공하지 못할 바에는 아예 시도하지 않는 편이 낫다고 생각한 것이다. 완벽주의적인 삶은 불안과 두려움과 밀접한 관계가 있다. 믿음은 모험이다. 모험할 줄 아는 사람만이 순종할 수 있다. 자신의 생각을 더 의존하는 사람은 앞뒤를 다 재어본다. 위험부담이 조금이라도 있을 것 같으면 주님의 명령에 순종하지 않는다. 자기의 머리를 더 신뢰하기 때문이다. 사실상 이런 머리는 믿을만한 머리가 아니다. 치료가 필요한 머리다.

순종 6: 순종하기가 어려움

하나님이 우리 삶의 주님이라고 고백하고 하나님께 점점 가까이 나아가는 삶을 사는 것은 쉽지 않다. 우리는 여전히 죄로 깨어진 세상 속에 호흡하고 있기 때문이다. 이 세상의 정신과 공중의 권세를 잡은 자는 우리가 하나님을 주님으로 모시고 사는 것을 방해할 때가 많기 때문이다. 세상의 풍조가 거세게 흐르기 때문에 물결을 거슬러 올라가기가 쉽지 않다.

더 나아가 하나님의 뜻을 분별하기가 쉽지 않다. 설령 하나님의 뜻을 분별하더라도 그 뜻에 순종하는 것은 더욱 어렵다.

용서 1: 십자가와 용서

비록 가해자는 여전히 변화하지 않을지라도 자신의 신앙의 성숙과 삶의 기쁨을 위해서 그를 향하여 욕하고 적개심을 품는 것을 포기하고 용서할 수 있다. 용서가 안 될 때에는 용서할 수 있는 마음을 달라고 적극적으로 예수님의 십자가 앞으로 나아가 기도해야 한다. 십자가 앞에 나아가면 그 어떤 원수라도 용서를 할 수 있는 힘을 얻을 수 있다. 인간의 힘으로 용서하는 것은 한계가 있다.

용서2: 온유와 용서

등산을 전혀 해보지 않은 사람이 하루아침에 에베레스트 산을 정복하는 것은 거의 불가능하다. 마찬가지로 용서와 사랑도 작은 부분에서부터 실천하기 시작할 때 큰 부분까지 실천할 수 있다. '마음을 넓히는' 능력은 하루아침에 생겨나지 않는다. 기적적으로 그런 체험을 할 경우가 간혹 있을 수 있다. 그러나 대부분의 경우에는 마음은 서서히 넓어지며 인성은 서서히 치유되며 발달한다. 원수를 사랑하는데 이르기까지 마음이 넓어진다면 우리는 예수님을 닮은 모습을 갖게 되는 것이다. 우리의 마음은 성장해야할 부분이 많이 남아 있다. 용서가 어렵다고 낙심하지 않아야 한다. 예수님의 마음을 품으려고 노력하면 점점 온유함과 겸손함이 삶에서 드러날 것이다. 아울러 성령님께서 능력을 주셔서 기대 이상의 치유적 경험을 하게 하실 것이다.

용서 3: 보복 vs. 용서

많은 중국 영화들의 주제는 부모의 원수를 갚는 것이다. 그것을 효라고 본다. 그러나 원수를 갚게 되면 마음은 어두워진다. 그리스도의 사랑이 거하기가 힘들다. 원수를 보복하는 것은 진정으로 치유를 가져오지 못한다. 원수까지라도 용서할 때 마음에 진정한 치유가 일어난다.

어떤 의미에서는 자신을 위해서라도 용서하는 것이 치료적이다. 마음에 분노나 보복심을 품으면 삶에서 불필요한 에너지가 소모된다. 분노의 감정이 다른 사람들에게까지 악영향을 준다. 뿐만 아니라 신체적으로 정신적으로 병에 취약하게 될 위험성이 높아진다.

바울은 원수 사랑에 대해서 다음과 같이 구체적으로 명하였다:

"내 사랑하는 자들아 너희가 친히 원수를 갚지 말고 하나님의 진노하심에 맡기라 기록되었으되 원수 갚는 것이 내게 있으니 내가 갚으리라고 주께서 말씀하시느니라 네 원수가 주리거든 먹이고 목마르거든 마시게 하라 그리함으로 네가 숯불을 그 머리에 쌓아 놓으리라 악에게 지지 말고 선으로 악을 이기라"(롬 12:19-21). 이와 같이 성경은 핍박하는 자를 위해서 신실한 마음으로 복을 비는 삶을 살라고 권면한다. 우리를 적극적으로 괴롭히고 고통을 주는 사람을 위해서 변함없이 기도하는 것이 선으로 악을 이기는 역설적인 방법이다. 특히 가해자의 구원을 위해서 기도하면 그를 긍휼히 여길 수 있게 된다.

용서 4: 탕감 받은 자임을 인식하기

우리는 세상의 그 어떤 방법으로도 해결될 수 없는 죄를 단번에 영원히 용서함을 받은 자임을 항상 인식하고 살아가야 한다. 우리는 일만 달란트 빚을 탕감 받은 종과 같은 자들이다. 이 엄청난 은혜를 받은 자로서 우리에게 약간의 빚을 진 사람들을 기꺼이 용서하며 살아가는 것이 기독교적인 삶이다. 우리가 주님으로부터 큰 사랑을 받았으며 또한 사랑 받고 있는 자라는 사실을 잊어버리면 '눈에는 눈, 이에는 이'의 태도를 포기하지 않는다.

용서 5: 돌이킴

외도한 사람이 배우자 몰래 다른 여성이나 남성에게로 향했던 마음과 행동으로부터 진심으로 온전하게 돌이키는 경우에는 상대방의 용서와 화해가 가능하다. 악을 좋아하고 세상을 좋아하고 좇아갔던 삶에서 돌이켜 배우자에게 진정으로 돌아오겠다고 다시 헌약(獻約) 하며 회개할 때 회복될 가능성이 있다. 이런 경우에도 배신의 상처와 아픔의 기억은 오래 남으며 치료의 과정은 오래 걸릴 수 있다. 용서는 상처를 잊어버리는 것을 의미하지 않는다. 기억은 하되 그 기억과 관련된 아픔이나 분노, 그리고 보복심을 더 이상 느끼지 않고 오히려 가해자를 위하여 축복하는 단계까지 나아가는 것이 용서이다. 하나님의 용서와 사람의 용서의 다른 점은 진정으로 회개하고 돌아오면 동이 서에서 먼 것같이 죄를 옮겨버리시고 기억조차 하시지 않는다는 점이다(시 103:12 참조). 세상으로 향했던 사랑과 관심을 이제는 오로지 하나님께만 향하며 하나님만 섬기겠다고 결심하고 돌이킬 때 회개는 진정한 것이 되며 회복의 길이 열릴 수 있다.

용서 6: 힘든 과정

성공회 신부의 아내인 레슬리 윌리엄스는 그녀의 책 *Night Wrestling*에서 그녀의 숙모 내외와 그들을 병간호하고 있던 사촌이 그들의 집에 갑자기 들이닥친 두 청소년에 의해서 야구방망이로 비참하게 맞아 죽었던 사건을 언급한다. 그 사건을 통해 그 살인자들에 대해 느꼈던 분노와 복수심으로 인해 그들을 용서하는 것이 얼마나 힘든 과정이었는지를 잘 표현한다. 특히 그 살인자들을 일년 이상 찾아내지 못함으로써 그 복수심을 처리함에 있어서 더욱 힘들었던 감정들도 솔직하게 표현하고 있다. 그녀의 기도문에서 그녀의 힘들었던 감정이 잘 드러난다:

주님, 저는 당신께서 그 젊은이들이 나의 친척집에 들어와서 그들을 살인하도록 허용하셨다는 사실에 화가 납니다. 저는 그들이 그렇게도 비참하게 죽어야만 했다는 사실에 화가 납니다.

주님, 제가 당신에게 너무 화가 나지 않도록 저를 제발 도와주십시오. 그 두 젊은이들을 미워하는 것을 멈출 수 있도록 제발 저를 도와주십시오.

주님, 저는 그들을 용서할 수 없습니다, 그냥 용서할 수 없단 말입니다.

주님, 제가 할 수 없는 것을 하라고 저에게 요구하지 마십시오.

주님, 죄송합니다.

주님, 저는 제가 그 두 젊은이들을 용서해야만 한다는 것을 잘 압니다. 당신은 우리에게 우리의 원수들을 용서하라고 말씀하셨지요. 그러나 분명히 이와 같은 악한 일을 행한 이 사악한 사람들까지 용서하라고 의미하신 것 아니겠지요.

주님, 제 스스로 할 수 없는 것을 할 수 있는 능력을 저에게 주심을 인하여 감사드립니다.

주님, 좋습니다. 아직은 그들을 용서할 수 없지만, 만약 당신께서 그것을 위해 노력할 수 있는 은총을 저에게 베풀어주신다면, 그렇게 할 것입니다.

주님, 제발 저에게 보다 큰 은총을 허락해주십시오. 왜냐하면 저는 아직도 그들을 증오하고 있기 때문입니다.

주님, 제발 그들에게도 당신 자신을 보여주십시오. 제발 그들의 얼굴에도 당신의 빛을 비추어주십시오. 저는 당신은 그들을 용서하신다는 사실을 압니다.

주님, 우리가 상상할 수 있는 것보다 더 우리를 사랑하신다는 사실에 감사 드립니다.[1]

용서 7: 집단상담과 용서 경험

집단상담은 상대방의 입장을 이해하는데 많은 도움을 준다. 집단상담은 상처받은 자신의 입장에서 생각해왔던 시각을 바꾸어 상처 준 사람의 입장에서 생각해볼 수 있는 기회를 제공한다. 서로 다른 입장에 있는 사람들이 집단 상담에 참여하게 되는 경우가 많다. 각자의 이야기를 나누는 과정에서 피해자는 가해자의 입장에

---

[1] Leslie Williams, *Night Wrestling: Struggling for Answers and Finding God* (Dallas: Word Publishing, 1997), 164.

서 생각해볼 수 있는 계기를 갖게 된다. 그래서 원수같이 여기던 가해자에 대한 분노의 감정을 내려놓게 되거나 최소한 보복하고 싶은 마음을 내려놓을 수 있게 된다. 어떤 이들은 한 걸음 더 나아가 원수와 같이 여겼던 대상을 궁휼히 여기기까지 치유될 수 있다.

오래전에 내가 인도했던 한 집단상담 과정에 참여했던 한 여성 내담자의 변화가 기억에 남아 있다. 자신을 성폭행 했던 한 사람에 대해서 수십 년 동안 분노하며 복수하겠다고 마음에 벼르고 살았는데 집단 상담 과정 중에 어느 날 의미 있는 꿈을 꾸게 된 것이다. 꿈속에서 전철역 한쪽 바닥에 웅크리고 자고 있는 한 노숙자를 보았다. 그런데 그 노숙자는 다름 아닌 그 가해자였다. 그 사람을 보았을 때 자신이 이때까지 품었던 분노와 두려움은 곧 사라지고 그를 불쌍히 여기는 마음을 느꼈다고 했다. 그래서 그녀는 자기가 입고 있던 겉옷을 벗어 그 남자에게 덮어주었다. 그녀는 그 꿈을 통해서 가해자에 대해 용서하는 마음이 조금씩 생기고 있음을 인식하게 되어 기쁘다고 했다.

용서 8: 가해자이자 피해자

상처 입은 자라고만 생각하는 인식의 지평을 넓혀서 우리도 상처 준 자이며 용서를 필요로 하는 자임을 깨닫는 것은 받은 상처를 재해석하는데 도움을 준다. 완벽하지 않은 세상에서 살다보면 상처받을 때가 있고 상처 줄 때도 있는 것이 우리의 삶의 현실임을 수용할 수 있는 사람이 심리적으로나 영적으로 성숙한 사람이다. 다시 상처받는 것이 두려워서 마음의 문을 닫아버리거나 대인 관계에서 공격적으로 나가는 것은 결국 삶을 패배적으로 이끌어간다. 또한 상처 주는 것이 두려워 사람들과 관계를 피하는 것도 주님이 우리에게 원하시는 삶이 아니다. 상처 주지 않고 상처받지 않는 가장 좋은 방법은 죽는 것이다. 죽으면 상처 줄 일도 없고 상처받을 일도 없다. 살아있는 한 우리는 때로는 상처받을 수도 줄 수도 있는 인간이라는 사실을 수용하는 자세가 필요하다.

용서 9: 용서 심리학 1

최근 일반 임상 심리학자들 사이에서 용서의 치료적 효과에 대해서 관심을 갖는 사람들이 늘어나고 있다. 여러 가지 형태의 상처들을 경험한 내담자들을 치료하는 효과적인 방법들 중의 하나는 내담자가 가해자들을 용서할 수 있도록 돕는 것이다. 용서하지 않으면 마음에 분노와 원한의 에너지가 남아있으며 뇌에서는 좋지 않은 화학 물질들이 계속 분비되며 질병에 저항할 수 있는 면역력이 떨어진다는 연구 결과는 용서의 치료적 효과를 지지한다.

용서 10: 용서 심리학 2

용서는 치유 과정에서 자연적인 부산물로 수반 될 때가 있다. 그러나 용서는 자주 의식적인 결단과 선택을 통해서 일어난다.

용서하지 않는 것은 삶의 통제력을 잃어버리는 것에 대한 두려움과 연관된다. 그것은 다시 상처받는 것에 대한 두려움을 피하기 위한 방어기제다. 방어기제는 연약할 때 생존할 수 있도록 도와준다. 그러나 방어 기제를 계속 유지하거나 자주 사용하게 되면 성숙과 변화를 가로막는 방해물이 되고 만다. 그래서 상담사들은 내담자들에게 자신의 유익을 위해서라도 용서하라고 권할 때가 많다. 분노를 계속 품고 보복할 기회를 찾는다고 해서 상대방이 직접 고통을 겪는 것은 아니다. 오히려 분노하는 사람 자신이 스스로 고통하며 자신의 신체와 영혼을 갉아먹는 자기 파괴적인 행동을 하기 때문에 용서를 권하는 것이다.

용서 11: 용서 심리학 3

성도들은 실용적인 이유뿐 아니라 근본적인 이유 때문에 용서하며 살아야 한다. 예수님은 왕에게 일만 달란트나 빚을 지고 도저히 갚을 수 없었던 한 종에 대한 비유를 말씀하셨다. 놀랍게도 왕은 그 빚을 완전히 탕감해주었다. 그러나 그 종은 자신에게 약간의 빚을 진 친구에게 빚 갚으라고 독촉하였고 감옥에 가두었다. 그 이야기를 들은 왕은 그 종을 감옥에 가두고 용서하지 않았다는 비유다. 하나님의 용서를 기억한다면 우리가 용서할 수 없는 사람은 이 땅에 아무도 없다. 우리가 하나님으로부터 도저히 용서받을 수 없었는데 예수 그리스도를 통해 용서받았다는 사실을 진정으로 믿는다면 누구에게나 용서를 베풀어야 할 책임이 있다는 사실을 깨달을 수 있다. 용서를 해도 좋고 용서를 하지 않아도 좋다고 결정할 수 있는 권리와 자유가 사실상 우리에게는 없다. 세속적인 심리학자들은 용서는 선택 사항이라고 말하지만 성도들이 해야 할 용서는 선택이 아니라 책임이다.

용서 12: 용서와 치료 1

이 짧은 세상을 살아갈 때 그 어떤 고통과 상처를 주었던 사람들이라도 진심으로 용서하겠다고 결심하고 용서하면 그 때부터 새로운 변화의 삶으로 나아갈 수 있다. 용서는 단회적인 사건이 아니다. 용서는 시간이 걸리며 여러 번 처음부터 반복할 수도 있는 과정이다. 용서한 후에 다시 분노를 느낄 수도 있다. 그러나 용서하는 사람의 마음에는 성숙과 변화가 일어나고 있다는 사실을 깨달을 필요가 있다. 긍정적인 사고와 감정, 그리고 긍정적인 태도와 행동, 성숙한 인간관계의 장이 열릴 수 있다. 그 뿐만 아니라 하나님과도 막힌 담이 무너지며 더욱 친밀한 영적 관계를 맛볼 수 있게 된다.

용서 13: 용서와 치료 2

원수를 사랑하고 용서하는 상담 과정에서 '명명하기'(naming)는 매우 의미가 있는 작업이다. 비벌리 플래니건은 용서 과정의 첫

단계로서 '상처를 명명하기'를 언급했다. 그녀는 이 단계에서 내담자가 성취해야 할 세 가지 임무를 제시했다. 첫째는 상처로 인하여 내담자의 삶에 이전의 삶과 다른 변화가 영구적으로 일어났다는 사실을 인정하는 것이다. 둘째는 손상의 정도를 조사하는 것이다. 셋째는 상처에 대해서 언어로 표현해내는 것이다.[2] 이와 같이 사건을 새롭게 명명하는 것은 변화가 일어나는 것을 도와준다. 명명하는 과정은 불확실한 감정을 언어로 표현하며 상처 입은 사건과 경험을 '재구성'(reframing)하는 과정으로 나아갈 수 있게 한다.

대표적인 재구성의 성경적인 예는 요셉이 자신을 종으로 팔았던 형들에게 한 말에서 잘 나타난다: "당신들이 나를 이 곳에 팔았다고 해서 근심하지 마소서 한탄하지 마소서 하나님이 생명을 구원하시려고 나를 당신들보다 먼저 보내셨나이다....하나님이 큰 구원으로 당신들의 생명을 보존하고 당신들의 후손을 세상에 두시려고 나를 당신들보다 먼저 보내셨나니 그런즉 나를 이리로 보낸 이는 당신들이 아니요 하나님이시라"(창 45:5-8a). 단어 're-framing'이 잘 표현하듯이 재구성은 틀을 다른 것으로 바꾸는 작업이다. 동일한 그림이지만 그림의 틀을 새로운 것으로 바꾸면 그림의 분위기와 가치가 달라진다. 마찬가지로 동일한 사건이지만 새로운 각도에서 바라볼 때 긍정적인 의미를 볼 수 있다. 아픔 속

---

2) Beverly Flanigan, *Forgiving the Unforgivable: Overcoming the Bitter Legacy of Intimate Wounds* (Macmillan, 1992), 73-90.

에 숨겨진 보물을 발견할 수도 있다. 요셉이 형들로부터 배신당하고 유기 되었던 경험을 이전의 틀 그대로 보면 아픔과 상처뿐이었을 것이다. 그러나 요셉은 그 경험을 하나님의 주권적인 구원역사의 틀 속에서 재해석했다. 그래서 자신의 아픔과 상처를 승화시킬 수 있었다. 더 나아가 보복하는 대신 용서하고 그들에게 사랑을 베풀 수 있었다.

용서 14: 죄짐을 능히 해결하시는 예수 그리스도

예수님을 영접하지 않은 모든 인간은 무거운 죄짐을 진 자들이다. 대부분의 인간들은 이 사실을 인식조차 하지 못하고 살고 있다. 누적되는 짐들은 인간을 지치게 하며 생동력을 잃게 한다. 특히 무거운 죄짐은 세상의 그 무엇으로도 가볍게 할 수 없다. 오직 예수 그리스도의 십자가 앞에 나올 때에만 그 짐이 벗겨질 수 있다. 무거운 짐을 예수님께 가지고 온다고 미안해 할 필요가 전혀 없다. 주님은 기꺼이 그 짐을 해결해주실 수 있는 능력이 있기 때문이다. 죄짐을 가지고 주 앞에 나오라고 초청하신다. 죄짐을 가지고 오면 해결해주시고 치료해주시겠다고 말씀하신다. 사실 인간의 마음 속에 그 죄짐이 있기 때문에 따로 두고 올 수 없다. 해결되지 않는 죄짐을 갖고 있는 그 상태로 십자가 앞에 나아오면 용서와 해결을 체험할 수 있다.

용서 15: 예수 그리스도의 용서

참 하나님이자 참 사람이 되신 예수님은 몸소 엄청난 상처를 입으셨다. 십자가에서 양손과 양발에 못이 박히는 고통을 겪으셨다. 가시관을 쓰신 머리에서 피가 흘러내리는 고통을 겪으셨다. 옆구리는 창으로 찔리는 고통을 당하셨다. 십자가 달리시기 전에는 채찍에 맞으심으로 살점이 떨어져 나가는 트라우마를 겪으셨다. 십자가 위에서 벌거벗음의 극심한 수치를 몸소 당하셨다. 전혀 죄가 없음에도 불구하고 억울하게 이 모든 고통과 상처를 받으셨다.

따라서 예수님은 우리의 고통과 상처에 그 누구보다도 완벽하게 공감하신다. 우리가 자신을 이해하는 것보다 우리를 더 잘 이해하고 알고 계신다. 예수님은 완벽한 상담자이신 성령님을 보내주셨다. 성령님은 우리의 마음에 친히 내주하시며 세상 끝날까지 우리와 동행하신다.

예수님은 상처를 받으셨지만 상처 준 사람들을 대하여 욕하거나 저주하지 않으셨다. 보복하지 않으셨다. 오히려 그들을 불쌍히 여기시며 긍휼히 여기셨다. 원수까지도 사랑하시고 용서를 비셨고 용서해주셨다. 세상의 그 어떤 사랑과도 비교할 수 없는 사랑을 베푸셨다. 신성한 용서는 예수님이 보여주신 용서에서 그 모델을 찾아야 한다.

용서 16: 하나님의 용서

죄 용서에 적합한 이미지들 중의 하나는 우리가 지은 죄를 칠판에 다 써서 고백하면 주님은 지우개로 일일이 깨끗하게 지우시는 장면이다. 주님이 지우셨는데도 동일한 죄에 대해서 다시 칠판에 쓴다면 주님은 안타까워하신다. 또 다른 예를 들어보자. 한 아이가 잘못을 저지른 후에 아빠에게 가서 눈물을 흘리며 용서를 빌었다. 아빠는 아이의 뉘우치는 마음을 보고 "그래 용서해 줄 테니까 다음부터는 그러지 않도록 해라" 하고 용서하고 위로해주었다. 그런데 며칠 뒤 아이는 다시 눈물을 뚝뚝 흘리면서 아빠에게 동일한 사건을 들먹이며 용서를 비는 것이다. 아빠는 너무 마음이 안타까워서 "얘야 이젠 괜찮아 아빠가 벌써 다 용서하지 않았니?"라고 확인하며 위로했다. 그런데 또 며칠 있다가 다시 동일하게 행동한다면 그 아빠의 마음이 어떨까? 하나님의 마음도 같은 마음이다. 회개한 후에는 분명히 용서받은 줄로 믿어야 한다. 감정적으로 느껴지지 않을 때에도 용서하시겠다고 약속하신 신실한 하나님을 믿어야 한다. 그 믿음을 하나님은 기뻐하신다. 죄용서는 우리의 주관적인 감정에 따라 좌우되는 것이 아니다. 회개하는 각 사람의 정서적인 치유상태가 다를 수 있다.

Enemy 4

원수

원수 1: 진정한 원수는 마귀

우리가 원수라고 생각하고 있는 사람들은 진정한 의미에서 우리의 원수가 아니다. 우리의 싸움은 혈과 육의 싸움이 아니기 때문이다(엡 6:12 참조). 사실 우리의 최고 원수는 마귀와 그의 졸개들이다. 과학주의에 물든 현대인들은 마귀의 존재를 믿지 않는다. 어떤 이들은 강박적으로 마귀와 연결시킨다. 이것은 성경적인 관점이 아니다. 성경은 마귀를 "공중의 권세 잡은 자"(엡 2:1)라고 구체화시켰다. NIV 성경은 "the ruler of the kingdom of the air"라고 번역했다. 마귀는 자기의 왕국을 구축하며 힘을 행사하는 영적 존재다. 마귀는 "지금 불순종의 아들들 가운데서 역사하는 영"이다(엡 2:2). 바울 사도는 '지금도' '역사하는' 영이라고 분명히 그 정체를 밝혔다.

마귀는 가해자들의 취약한 부분들을 이용해서 우리들에게 상처를 입히도록 조종한다. 가해자들은 그들 뒤에서 역사 하는 마귀의 힘을 인식하지 못하고 의식적으로 혹은 무의식적으로 가해한다. 마귀는 성도들조차 틈을 타서 공략한다. 사도 바울은 "해가 지도록 분을 품지 말고 마귀에게 틈을 주지 말라"(엡 4:26-27)고 이 역동성을 잘 지적했다. 분노를 오래 품게 될 때 마귀가 해결되지 않은 분노를 발판으로 삼아 성도들조차 공략할 수 있기 때문이다.

우리의 원수 마귀는 자주 우리 주변에 있는 믿지 않는 가족이나 친척들을 통해 우리를 핍박하며 고통을 준다. 가족들 중에는 신앙생활하는 것을 적극적으로 미워하고 혐오스럽게 대하는 이들이 있다. 어떤 가족들은 성경책을 불태우거나 교회에 가지 못하게 머리카락을 자르기까지 한다. 그들은 우리의 진정한 원수가 아니라는 점을 깨달을 때 그들을 용서할 수 있다.

원수 2: 원수 사랑과 인내

성도들은 원수까지 사랑하라고 말씀하시고 실제로 원수를 사랑하신 예수님을 묵상할 때 예수님의 본을 따라 원수를 사랑할 수 있다. 원수가 회개하고 돌아오기를 기도하면서 인내할 수 있다. 악을 악으로 갚지 않지 않을 수 있다. 또한 회개하지 않는 원수들은 오래지 않아 풀이 베임을 당하여 마르듯이 쇠잔하게 될 것을 알기 때문에 인내할 수 있다.

'고구마 전도'로 알려진 김기동 목사는 예수 믿기 전에 신앙생활을 하는 아내를 핍박하던 자였다. 어느 날 밤에 자다가 깨어나 아내가 자신을 위해 눈물을 흘리면서 기도하는 모습을 보고 마음이 움직이기 시작했다고 한다. "하나님이 살아있으면 나와 보라고 해!"라고 소리치며 핍박하던 원수 같은 남편이 수천 명에게 전도하는 사람으로 바뀔 것이라고는 그 아내도 상상하지 못했을 것이다. 지금은 원수이지만 내일은 친구가 될 수 있으며 하나님의 자녀가 될 수 있다. 이 사실을 기억하고 기도하면서 인내하는 삶을 살아가야 한다.

원수 3: 가까운 사람이 원수

원수는 보통 멀리 있지 않다. 가까운 사람이 원수가 되며 배신자가 될 때가 많다. 주로 가까운 사람에게서 상처를 입는다. 다윗이 쓴 시편 중에 보면 그가 가장 의지했던 모사(謀士) 아히도벨이 반역자 압살롬의 모사가 되어 자신을 죽이려고 했을 때 느꼈던 감정을 표현한 듯한 느낌을 주는 시가 있다: "나를 책망하는 자는 원수가 아니라 원수일진대 내가 참았으리라 나를 대하여 자기를 높이는 자가 나를 미워하는 자가 아니라 미워하는 자일진대 내가 그를 피하여 숨었으리라 그가 곧 너로다 나의 동료, 나의 친구요 나의 가까운 친우로다 우리가 같이 재미롭게 의논하며 무리와 함께하여 하나님의 집 안에서 다녔도다"(시 55:12-14). 별 상관없는 사람은 상처주는 말을 해도 실제로 그렇게 깊게 상처를 받지 않는다. 그러나 가까운 사람이 상처를 입힐 때 깊은 상처를 입을 수 있다. 그래서 가까운 사람이 원수가 될 때가 많은 것이다.

원수 4: 원수사랑

기독교의 이웃 사랑은 원수를 포함하는 사랑이다. 모세의 율법은 "눈에는 눈, 이에는 이"의 정의를 강조한다. 그러나 예수님은 율법의 정신을 밝히며 왼뺨을 치는 자에게 오른뺨을 돌려 대라고 말씀하셨다(마 5:39). 미워하며 해치려고 하는 원수, 음모를 꾸미고 고통을 주며 상처를 입히는 원수를 너그럽게 사랑하라고 하는 명령은 실천하기에 불가능한 것처럼 보인다. 그러나 하나님은 우리에게 불가능한 것을 하라고 요구하지 않으신다. 분명히 가능한 일이다. 예수님이 그 본을 보이셨다. 십자가 위에서 예수님은 "아버지여 저들을 사하여 주옵소서 자기들이 하는 것을 알지 못함이니이다"(눅 23:34)라고 기도하면서 원수 사랑을 실천하셨다. 스데반도 본을 보였다. 돌로 자신을 쳐 죽이는 자들 앞에서 무릎을 꿇고 "주여 이 죄를 그들에게 돌리지 마옵소서"(행 7:60)라고 기도하며 죽었다. 이 두 경우에 원수사랑은 용서와 관련된 것이라는 점을 알 수 있다. 원수를 사랑한다는 것은 그와 반드시 화해하고 친밀하게 지내는 것을 의미하지 않는다. 보복하지 않고 용서하는 것이 원수 사랑의 중요한 내용이다: "너희를 박해하는 자를 축복하라 축복하고 저주하지 말라"(롬 12:14); "아무에게도 악을 악으로 갚지 말고 모든 사람 앞에서 선한 일을 도모하라"(롬 12:17); "내 사랑하는 자들아 너희가 친히 원수를 갚지 말고 하나님의 진노하심에 맡기라"(롬 12:19); "네 원수가 주리거든 먹이고 목마르거든 마시게 하라 그리함으로 네가 숯불을 그 머리에 쌓아 놓으리라 악에게 지지 말고 선으로 악을 이기라"(롬 12:20-21).

원수 5: 원수를 이해해야 1

원수를 사랑하려면 원수의 마음의 역동성을 이해하는 자세가 필요하다. 왜 그 사람은 그토록 나를 미워하는 사람이 되었을까? 그의 마음에는 어떤 상처가 있기에 그토록 나를 미워할까? 혹시 나를 미워하는 그 미움과 분노가 다른 관계에서부터 전이가 된 것은 아닐까? 혹시 내가 실제로 그에게 상처 준 부분은 없을까? 미움과 분노 외에 달리 반응하지 못하는 그의 내면은 얼마나 취약할까? 이와 같은 질문들을 스스로 던져보는 것은 원수를 이해하는데 도움이 된다. 원수를 사랑하고 용서하려면 상처를 주면서도 상처를 주고 있는지에 대한 병식(病識)이 없는 원수를 이해하는 능력이 필요하다. 상처를 주는 사람은 자신의 삶에서 깊은 상처를 입은 자일 가능성이 높다.

원수 6: 원수를 이해해야 2

원수를 사랑하는 것은 그를 순진하게 대하는 것을 의미하는 것이 아니다. 분명히 방어해야 할 부분에서는 방어하되 상대방의 입장에서 이해하려는 태도를 가지는 지혜와 분별력이 필요하다. 그래야 덜 상처받고 덜 분노할 수 있다.

원수를 포기하지 않고 일관성 있게 사랑으로 대하면 원수도 바뀔 수 있다. 처음부터 악의 화신으로 태어난 사람은 없다. 원수 맺기 위해 태어난 사람도 없다. 죄가 세상에 들어왔기 때문에, 모태에서부터 죄성을 갖고 있기 때문에 죄악을 행하는 것이다. 알고 죄악을 저지르기도 하고 모르고 죄악을 범하기도 하는 것이다.

원수 7: 원수를 이해해야 3

타인을 원수로 대하는 인식에서 자신 역시 과거에 다른 사람들에게 상처를 준 사람일 수 있다는 인식을 하는 것은 치유와 회복 과정에서 매우 중요하다. 자신이 피해자일 뿐 아니라 또한 가해자일 수 있다는 인식은 가해자를 용서하는데 도움을 준다. 피해자도 어느 시점부터는 가해자로 바뀌기는 것을 종종 본다. 예를 들면, 정신 분열증 환자의 경우도 이에 해당될 수 있다. 정신 분열증에 걸리면 수용력과 행사력의 구도가 바뀐다. 발병 이전에 환자는 주로 수용력만 사용하며 행사력은 잘 사용하지 못한 사람이다. 그러나 발병 후에는 건강한 수용력은 별로 사용하지 못하고 파괴적인 행사력을 점점 더 많이 사용하게 된다.

원수 8: 원수는 누구?

원수는 누구일까? 술 먹고 폭행하는 남편일까? 도박하는 아내일까? 바람피운 남편 혹은 아내일까? 혹은 어린 시절 방치했던 아버지 혹은 어머니일까? 학창시절 친구들 앞에서 나에게 체벌을 가한 선생님일까? 나를 성폭행한 사람일까? 나의 진로를 방해한 사람일까? 나를 이해하지 못하고 오히려 상처 주는 말만 하는 형제자매, 시어머니, 며느리, 시동생, 혹은 동서일까? 직장에서 나를 근거 없이 험담하고 깎아 내리고 고통을 주는 동료 혹은 상사일까? 왜 그들은 그와 같은 행동을 했을까? 이와 같은 질문을 던지며 조용히 자신의 내면을 점검해보는 시간을 가질 필요가 있다. 한 걸음 뒤로 물러나 객관적인 입장에서 바라보며 상대방의 입장에서 생각해보려는 노력을 한다면 분명히 원수의 모습은 다르게 보일 것이다.

원수 9: 원수에 대한 대처 방안

적극적인 의미에서 원수를 사랑하는 것은 그의 수용 여부에 관계없이 긍휼히 여기는 마음으로 그를 깨우쳐줄 수 있는 말이나 행동을 하는 것이다. 이 때 지혜가 필요하다. 진주를 '돼지'에게 던지면 밟아버리기 때문이다. 상대방이 피드백을 수용할 수 있는 이성적인 기능과 심리적 수준이 어느 정도 있어야 하기 때문이다.

원수가 계속 공격할 때 무조건 수동적으로 당하는 것은 지혜로운 자세가 아니다. 다윗은 사울이 그를 추격해올 때 피하는 동시에 사울을 깨우치기 위해서 가끔 지혜롭게 공격을 하였다. 예를 들면 가정폭력의 경우에 가해자가 계속 폭행을 한다면 그냥 맞는 것은 어리석은 일이다. 지혜롭게 반격도 하고 폭행을 저지할 수 있는 방법을 강구해야 한다. 하나님은 우리에게 지성을 주셨고 분별할 수 있는 지혜를 주셨다. 일방적으로 당하는 관계를 지속하는 것은 동반 의존이 될 위험성이 매우 높다. 대책 없이 수동적으로 피해를 입는 것과 왼뺨을 칠 때 오른뺨을 돌려대라는 예수님의 말씀과는 구별해야 한다.

원수 10: 동반의존의 문제점

오래전에 한 여성이 위기 상담 전화를 해온 적이 있었다. 소개로 만난 남자가 좋은 면이 있어 계속 만났는데 어느 날부터 화가 나면 폭력을 사용하는데 어떻게 하면 좋겠느냐고 했다. 전체적인 이야기를 듣고 나는 그 남성이 결혼의 대상으로는 위험 부담이 매우 큰 사람이라고 말해주었다. 그녀는 한편으로는 자기가 이해하고 결혼해주지 않으면 누가 그와 결혼할 수 있을까 생각하니 그가 불쌍하다는 생각이 든다고 말했다. 나는 결혼과 동정은 구별해야 한다고 말했고 그녀가 그 관계를 정리하는 것이 지혜로울 것이라고 말했다. 몇 주가 지나 다시 그녀에게서 전화가 걸려왔다. 이번에는 코뼈까지 내려앉을 정도로 맞았다는 것이다. 그런데도 그녀

한 크리스천 상담학자의 **묵상**

는 여전히 그 남자가 혹시 변화할 수 있지 않을까 생각이 든다고 말했다. 그리고 이미 정이 들어 그 남자를 포기하기가 힘들다고 했다. 동반의존의 역동성이 그대로 드러나는 경우였다. 나는 다시 객관적인 입장에서 이야기해줄 수밖에 없었다. 그녀는 약간 실망한 듯이 전화를 끊었고 다시 연락하지 않았다. 그 후 어떻게 되었는지는 모른다. 원수 사랑을 분별력이 없이 이와 같은 상황에 적용하면 곤란하다. 하나님은 우리가 지혜롭게 생각하고 판단하고 결정하기를 원하신다.

마귀 1: 영적전투의 자세

악과의 싸움, 마귀와의 영적 전투에서는 하나님의 전신갑주와 성령의 검 곧 하나님의 말씀을 가지고 끝까지 힘을 다해 싸우는 것이 승리의 지름길이다. 예수 그리스도 안에 있는 자로서의 정체성과 구원의 확실성을 믿고 싸울 때 마귀의 궤계에 무너지지 않는다: "너희가 주 안에서와 그 힘의 능력으로 강건하여지고 마귀의 간계를 능히 대적하기 위하여 하나님의 전신갑주를 입으라"(엡 6:10-11). 주님께서 가르쳐주신 기도처럼 "우리를 시험에 들지 말게 하옵시고 다만 악에서 구하옵소서"라는 주님께서 가르쳐주신 기도처럼 악과 마귀로부터 구하여주실 분은 오직 예수 그리스도뿐이다. 예수 그리스도는 성령 하나님을 보내셔서 성도의 마음에 내주하시며 도우시며 심지어 대신 싸워주신다.

마귀와의 싸움에서 잠시라도 방심하면 마귀는 그 허점을 노린다. 늘 기도하며 깨어있는 삶을 사는 것이 성령을 좇아 사는 삶이다: "너희는 성령을 따라 행하라 그리하면 육체의 욕심을 이루지 아니하리라"(갈 5:16).

마귀 2: 나태는 마귀의 유혹

솔로몬은 "좀더 자자, 좀더 졸자, 손을 모으고 좀더 누워 있자" 하면 빈궁이 도적같이 임한다고 경고했다(잠 6:10-11). 치명적인 일곱 죄들 중에 하나는 나태다. 마귀는 성도들이 이 땅에서 소명의식을 잊고 세상적인 즐거움에 눈을 돌리도록 유혹한다. 오늘 일을 내일로 미루라고 속삭인다. 예수를 믿으려고 하는 사람에게는 "내일 믿어, 내년에 좀 더 형편이 나아지면 그 때 교회에 다녀도 돼"라고 속삭인다. 이 속삭임에 귀를 기울이게 되면 치명적이다.

이 세상에는 삶의 열정과 에너지가 있는 사람들이 있는 반면에 그렇지 못한 사람들이 있다. 열정과 에너지가 없는 이들은 보통 삶을 무료하며 지루하며 우울한 것으로 생각한다. 염세적이며 수동적으로 산다. 이래도 좋고 저래도 좋은 식으로 산다. "이런들 어떠하리 저런들 어떠하리"라는 삶의 자세는 관조적인 것처럼 보이나. 그러나 실상은 삶의 열정과 에너지가 상실된 것이다. 삶의 목적과 목표가 불분명한 삶이다. 신학적으로는 말하자면 소명의식이 없거나 약한 삶이다. 게으른 삶이다. 게으른 삶에는 심판이 기다리고 있다.

마귀 3: 유혹 1

마귀는 시험(temptation)하는 자다. 마귀는 아담과 하와에게 선악과로 시험했고 인류를 죄에 빠뜨렸다. 예수님이 이 땅에서 공생애를 시작할 때에도 마귀는 세가지로 예수님을 시험했다. 마귀는 예수님이 재림하셔서 마귀의 권세를 완전히 깨뜨리실 때까지 기회가 있는대로 시험할 것이다.

마귀가 직접 역사해서 유혹과 시험에 빠질 때가 많다. 게다가 죄성을 갖고 있는 인간의 속성상 우리는 유혹에 빠질 수 있는 취약성을 갖고 있다. 또한 우리가 살고 있는 이 세상에는 죄를 짓도록 유혹하는 환경적 요소들이 많이 있다. 마귀는 이 세상의 환경적 요소를 백분 활용한다. 죄로 오염되어 있는 세상 속에서 호흡하다 보면 신앙인도 알게 모르게 죄의 유혹으로 인하여 시험에 빠진다. 죄인 줄 알고서도 유혹에 빠지는 것은 안타까운 일이다. 그러나 죄인 줄도 인식하지 못한 채 유혹과 시험에 빠지는 것은 더욱 안타까운 일이다. 이미 사망의 그물이 자신을 에워싸고 있음에도 불구하고 그것을 인식할 수 있는 눈과 귀가 열리지 않아 시험에 빠져 헤어나올 생각조차 못하는 경우까지 있다.

유혹에 빠지는 과정은 다양하며 복합적인 요소로 이루어진다. 유혹의 종류 또한 다양하다. 사람에 따라 어떤 유혹에 대해서는 초연한 반면에는 어떤 유혹에는 너무나 맥없이 넘어진다. 어떤 사람은 성의 유혹에는 강하게 저항할 수 있는 반면 명예의 유혹에는 쉽게 넘어진다. 정반대의 경우도 있다. 교회 역사 속에서 규정된 일곱 가지 치명적인 죄악은 모두 이와 같은 유혹적인 시험과 관련이 있다. 교만, 시기, 탐욕, 탐식, 분노, 음욕, 그리고 나태라는 치명적인 죄의 유혹으로부터 완전히 면제받은 성도는 아무도 없다. 믿음의 사람 다윗 왕은 음욕의 유혹에 여지없이 넘어짐으로써 자신과 가족, 우리아의 가정, 그리고 이스라엘 나라가 큰 고통과 시련을 겪게 했다.

마귀 4: 유혹 2

시험과 유혹은 눈에 보일 수 있는 형태로 외부에서 올 수 있다. 그러나 대부분의 경우에 마음 세계에서 역동적으로 생겨난다. 가룟 유다가 예수님을 배반한 역동성을 사도 요한은 "사탄이 그 속에 들어간지라"(요 13:27)라고 묘사했다. 영적 존재인 마귀는 마음에도 들어가 역사할 수 있다. 마음을 지키는 것이 매우 중요하다: "모든 지킬 만한 것 중에 더욱 네 마음을 지키라 생명의 근원이 이에서 남이니라"(잠 4:23).

마음의 중요한 기능인 사고, 인식, 감정, 그리고 의지는 우리가 눈을 뜨고 있는 동안 잠시도 쉬지 않고 작동한다. 그래서 동시에 여러 생각이 한꺼번에 교차하기도 하고 복합적인 감정을 동시에 느낄 때도 있다. 심지어 상반된 감정을 동시에 느끼기도 한다. 예배하는 시간조차 우리의 생각이 하나님께만 고정되지 못하고 스처 가는 잡다한 생각들에 의해 엄습 당할 때가 있다. 마귀는 예배 시간에도 유혹하며 틈탈 수 있다. 영적으로 깨어 있지 않으면 우리의 마음이 마귀에게 틈을 보일 수 있다. 사도 베드로도 눈을 뜬 채로 마귀에게 코가 베일 뻔 했다: "사탄아 내 뒤로 물러가라 너는 나를 넘어지게 하는 자로다 네가 하나님의 일을 생각하지 아니하고 도리어 사람의 일을 생각하는도다"(마 16:23) (밑줄은 강조된 것임). 오순절 성령 강림 후에 놀랍게 변화된 베드로가 유혹으로부터 완전히 자유롭지 못했음을 안디옥에서 그가 이방인들과 식사하다가 외식에 유혹되었음에서 발견할 수 있다: "야고보에게서 온 어떤 이들이 이르기 전에 게바가 이방인과 함께 먹다가 그들이 오매그가 할례자들을 두려워하여 떠나 물러가매 남은 유대인들도 그와 같이 외식하므로 바나바도 그들의 외식에 유혹되었느니라"(갈 2:12-13).

마귀 5: 유혹 3

마음에서 생기는 수많은 생각들은 외부에 노출되지 않는다는 점에서 개인과 사회를 보호한다. 마음의 모든 생각이 밖으로 노출되며 행동으로 표출된다면 세상은 큰 혼란에 빠질 것이다. 대부분의 생각들은 걸러지고 극히 일부만 행동으로 표현된다. 행동이 파괴적이며 마귀적일 때는 자신뿐 아니라 이웃과 교회, 사회, 국가에 더 나아가 하나님의 나라에 해악을 끼칠 수 있다. 반대로 선한 생각이 행동으로 실천되면 선한 열매가 맺힐 것이다.

마음을 잘 다스리는 것은 성을 잘 지키는 것과 같다. 루터가 말했듯이 날아가는 새의 오물이 머리에 떨어지는 것은 막을 수 없지만 새가 머리에 둥지를 틀게 해서는 안 된다. 이 땅에 살면서 인간은 오감(五感)을 통해서 인식되는 외부 현실의 유혹을 받을 수 있는 취약성을 갖고 있다. 시각, 청각, 촉각, 후각, 그리고 미각을 통해서 전해져 오는 정보들 중에는 마음을 유혹하며, 혼란하게 하며, 당황하게 하며, 갈등하게 하는 요소들이 매우 많다. 유혹적인 요소들이 정신세계 속에 입력될 때 내면에서 상반된 대화가 오고간다. 그리고 자주 모순된 내적 음성들과 싸우는 심리적, 영적 전투를 겪는다. 이 전투로부터 면제받은 인간은 아무도 없다.

마귀 6: 유혹 4

내면에서 일어나는 유혹들과 욕심은 성도의 삶과 영성에 치명적인 결과를 가져올 수 있다는 점을 명심해야 한다. 마음에서부터 유혹이 일어나고 정욕의 불길이 점점 거세어질 때 성도는 자신이 영적 전투의 최전선에 서 있음을 인식해야 한다.

마귀는 영적인 존재이므로 우리 각자의 취약한 부분을 너무나 잘 알고 있다. 우리가 깨어있지 않고 자만하거나 방심하면 마귀는 취약한 부분을 집중적으로 공격한다. 마귀가 파괴적인 모습이나 무서운 모습으로 다가온다면 훨씬 알아차리기가 쉬울 것이다. 그러나 대부분의 경우에는 친근한 모습, 상식적인 모습, 합리적인 모습으로 다가온다. 따라서 정신을 차리지 않으면 마귀의 실체를 파악하기가 쉽지 않다. 마귀는 거짓의 아비다: "그가 거짓말쟁이요 거짓의 아비가 되었음이라"(요 8:44). 위장전술에 능한 마귀는 항상 그럴듯한 것을 약속한다. 이성을 점차적으로 마비시키며 감정을 죄악에 빠지기 쉬운 감정으로 이끈다. 그래서 점진적으로 파멸의 그물에 우리가 걸려들게 만든다. 마귀에 그물에 걸려들면 빠져나오기가 쉽지 않다. 솔로몬은 음녀의 위험성을 이야기했는데 마귀는 음녀와 같다: "네 마음이 음녀의 길로 치우치지 말며 그 길에 미혹되지 말지어다 대저 그가 많은 사람을 상하여 엎드러지게 하였나니 그에게 죽은 자가 허다하니라 그의 집은 스올의 길이라 사망의 방으로 내려가느니라"(잠 7:25-27).

마귀 7: 유혹 5

경험 있는 낚시꾼은 물고기가 미끼를 문다고 곧바로 낚싯대를 당기지 않는다. 물고기가 안심하고 먹도록 그냥 내버려둔다. 그러다가 순식간에 낚싯대를 당기면 물고기의 아가미가 낚시 바늘에 걸려 물고기를 잡을 수 있는 것이다.

마귀는 우리를 유혹할 때 치명적인 단계에 갈 때까지는 기다린다. 죄책감과 수치감에 대한 면역성이 어느 정도 생기고 죄의 결과에 대한 두려움이 사라질 무렵 순간적으로 '사망의 그물'을 던져 인간의 영혼을 노략한다.

자신이 사망의 그물에 포획되어 있는데도 불구하고 눈이 어두워지고 귀가 닫힘으로 인하여 깨닫지 못하는 경우가 있다. 주변 사람들이 아무리 깨닫게 하려고 이야기해주어도 유혹적인 미끼만 눈에 들어오지 그 미끼 속에 감추어져 있는 낚시 바늘을 볼 수 없기 때문이다. 이같이 위험한 순간에도 성령께서 말할 수 없는 탄식으로 우리를 위해서 대신 기도하시며 순간적으로 혹은 점진적으로 깨닫게 하신다. 그리고 우리를 깊은 죄악의 수렁에서 건져내신다: "내가 여호와를 기다리고 기다렸더니 귀를 기울이사 나의 부르짖음을 들으셨도다 나를 기가 막힐 웅덩이와 수렁에서 끌어올리시고 내 발을 반석 위에 두사 내 걸음을 견고하게 하셨도다"(시 40:1-2). 마귀는 우는 사자와 같이 믿는 자라도 넘어지게 하려고 기회를 엿보는 실존하는 존재라는 사실을 명심해야 한다: "근신하라 깨어라 너희 대적 마귀가 우는 사자 같이 두루 다니며 삼킬 자를 찾나니 너희는 믿음을 굳건하게 하여 그를 대적하라"(벧전 8-9).

마귀 8: 마귀의 종

우리도 예수님을 생명의 주로 고백하기 전에는 죄의 종이었다(롬 6:17-18 참조). 종은 자유가 없다. 종은 매인 자다. 예수를 믿기 전에는 죄가 주인 행세를 한다. 죄의 종이라는 것은 마귀의 종이라는 말과 같다.

마귀의 종인 줄도 모르고 살아가는 사람들이 주변에 너무나 많다. 믿지 않는 자들은 착각하여 자신은 누구의 종도 아니라고 생각한다. 자신들은 스스로 판단하며 결정하며 행동한다고 생각한다(요 8:31-36 참조). 그래서 그들의 판단과 결정과 행동의 배경에서 은밀하게 역사하고 있는 마귀에 대해서 전혀 인식하지 못한 채 살아간다(요 8:44 참조).

예수님께서 유대인들에게 "죄를 범하는 자마다 죄의 종이라"(요 8:34)고 말했을 때 그들은 "우리가 아브라함의 자손이라 남의 종이 된 적이 없거늘 어찌하여 우리가 자유롭게 되리라 하느냐"(요 8:33)고 반문했다. 그러나 그들은 마귀에게 사로잡힌 자들이었다. 빛으로 나아올 수 없는 어두움의 자녀들이었다: "빛이 어둠에 비취되 어둠이 깨닫지 못하더라"(요 1:5). 마침내 그들은 예수님을 십자가에 못 박는데 앞장섬으로써 그들이 사실상 마귀의 종이었음을 드러내었다.

마귀 9: 마귀에게 승리한 그리스도

예수 그리스도는 십자가에 죽으시고 사흘만에 부활하심으로써 뱀의 머리를 밟으셨다. 죄의 결과인 사망에서 하나님의 능력으로 부활하심으로써 죄와 마귀의 권세를 이미 깨뜨리셨다(창 3:15, 고전 15:54-57 참조). 따라서 광야에서 장대에 걸린 구리뱀을 바라본 백성들이 나음을 입었던 것처럼 십자가에 달리신 예수 그리스도가 자신의 죄를 대속하기 위해서 달리셨음을 믿음으로 고백하는 자는 더 이상 마귀의 종이 아니다. 율법의 정죄로부터도 자유한 자가 되었다: "그러므로 이제 그리스도 예수 안에 있는 자에게는 결코 정죄함이 없나니 이는 그리스도 예수 안에 있는 생명의 성령의 법이 죄와 사망의 법에서 너를 해방하였음이라"(롬 8:1-2). 재림의 주로 오실 예수 그리스도는 마귀와 마귀를 좇았던 많은 종들을 영원히 심판하실 것이다: "하늘에서 불이 내려와 그들을 태워 버리고 또 그들을 미혹하는 마귀가 불과 유황 못에 던져지니 거기는 그 짐승과 거짓 선지자도 있어 세세토록 밤낮 괴로움을 받으리라"(계 20:9-10).

마귀 10: 거짓 선지자는 마귀의 종

성도들이 가야할 길에 대해서 설교를 통해 인도하는 목회자들은 먼저 자신들이 생명의 길을 밝히 보고 걸어가야 한다. 예수 그리스도가 길이요 진리요 생명임을 확신하고 선포해야 한다: "내가 곧 길이요 진리요 생명이니 나로 말미암지 않고는 아버지께로 올 자가 없느니라"(요 14:6). 이 복음 진리를 믿지 않거나 악화시키는 설교자는 구약에 등장했던 수많은 거짓 선지자들처럼 하나님의 음성을 듣지 않고서도 들은 것처럼 설교하는 거짓 선지자가 될 것이다.

예루살렘이 바벨론에게 멸망당할 것을 예언한 참 선지자 예레미야를 대적하여 다수의 선지자들은 유다의 평화와 안녕을 거짓 예언하였다. 거짓 예언도 자꾸 하다 보면 자신이 거짓 선지자임을 자각할 수 있는 눈이 흐려진다. 심지어 자신이 참 선지자라고 스스로 속임을 당할 수도 있다. 자신을 과대평가하는 과대망상증 환자를 생각하면 이 역동성을 이해할 수 있다. 하나님은 이와 같은 거짓선지자들을 향하여 심판의 말씀을 선포하셨다:

> 여호와의 말씀이라 그러므로 보라 서로 내 말을 도둑질하는 선지자들을 내가 치리라 여호와의 말씀이니라 보라 그들이 혀를 놀려 여호와가 말씀하셨다 하는 선지자들을 내가 치리라 여호와의 말씀이니라 보라 거짓 꿈을 예언하여 이르며 거짓과 헛된 자만으로 내 백성을 미혹하게 하는 자를 내가 치리라 내가 그들을 보내지 아니하였으며 명령하지 아니하였나니 그들은 이 백성에게 아무 유익이 없느니라 여호와의 말씀이니라(렘 23:30-32).

이 예레미야 본문 말씀은 하나님의 말씀을 선포하는 책임을 맡은 목회자들에게 경종을 울리는 말씀이다. 한번 두 번 거짓 설교를 할 때에는 양심의 가책을 느낀다. 그러나 그 생활이 반복되면 가책감이 줄어든다. 큰 문제가 발생하지 않으면 거짓선지자의 역할을 하면서도 별 괴리감이나 고통을 느끼지 못하게 된다. 괴리감을 알려주는 경보기가 차단되었기 때문이다. 그렇게 되면 소경이 소경을 인도하는 격이 된다. 따라서 앞에 있는 구덩이를 분별하지 못한 채 거짓 설교를 듣는 자들과 함께 구덩이에 빠져 헤어 나오지 못하는 치명적인 결과에 처할 수 있다(마 15:14, 눅 6:39 참조).

성화 1: 날마다 죽기

기독교의 신비는 죽음과 부활에 있다. 생명을 얻고자 하는 자는 생명을 잃으며 생명을 잃기를 두려워하지 않는 자는 생명을 얻는 것이 기독교 진리다. 한 알의 밀알이 땅에 떨어져 죽으면 많은 열매를 맺는다(요 12:24 참조).

우리의 삶에서 여전히 옛 자기가 살아있는 영역, 여전히 우리가 통제하려는 영역이 있으면 그 영역에는 진정한 변화와 치료가 일어나지 않은 것이다. 완전히 무능력하며 모든 영역에서 완전히 죽은 자임을 믿음으로 인정할 때 그리스도 예수 안에서 새로운 삶과 변화와 치료와 구원이 있다.

성화 2: 경건훈련

주님을 모시고 사는 것은 일회적인 '사건' 이 아니다. 날마다 우리 자신을 쳐서 복종시킴으로써 주님의 뜻을 먼저 헤아리는 연습과 훈련의 '과정'이다. 우리는 사도 바울이 고백한 것처럼 성령의 소욕과 육체의 소욕이 서로 대적하여 싸우는 것을 자주 경험한다(갈 5:17 참조). 그러나 성령의 도우심을 의지하고 간구하면 육체의 소욕을 제어하며 성령의 열매를 맺는 삶을 살 수 있다. 우리의 힘으로는 결코 경건의 삶에 이르지 못한다.

성화 3: 하나님의 은혜

하나님 은혜가 우리의 마음을 채우기 시작하면 마음속에 자리 잡고 있던 악한 생각과 정욕적인 욕구들이 점점 밀려나가며 힘을 잃게 된다. 마음속에 흐르던 오염된 물이 위에서부터 흘러 들어오는 깨끗한 물로 인하여 밀려나간다. 마음의 강에 점점 성령의 능력으로 정화된 물이 흐르게 된다. 인격의 병리적인 영역이 점점 줄어든다. 건강한 영역이 점점 늘어난다. 하나님의 형상이 회복된다.

성화 4: 충성

충성된 삶을 사는 제자의 삶을 살려면 주님이 우리를 도와주시는 것과 우리가 힘써 노력하는 것에서 균형을 유지해야 한다. 주님이 우리를 도와주시고 능력을 주시지 않으면 우리가 아무리 힘쓴다고 해도 충성된 삶을 살 수 없다. 반대로 주님은 우리에게 능력을 주시고 도와주셔도 우리가 전혀 노력하지 않고 힘쓰지 않으면 충성된 삶을 살 수 없다. 도와달라고 기도하면서도 항상 최선을 다하는 삶이 균형 잡힌 제자의 삶이다.

충성하되 끝까지 충성해야 아름답다. 중간에 힘들다고 변절하거나 배반하면 앞에서 충성했던 것이 다 무효가 된다. 마라토너는 끝까지 잘 달려야 한다. 처음에 아무리 앞서나가고 잘 달린다고 할지라도 중간에 기권하면 경기에서 상을 얻을 수 없다. 용두사미의 삶은 성도의 삶이 아니다. 어제나 오늘이나 내일도 신실해야 한다. 성도의 삶은 세상적인 관점에서 보면 재미가 없는 삶처럼 보일 수도 있다. 그러나 언제 어디서나 끝까지 하나님께 충성된 삶을 살아가야 "착하고 충성된 종아!"라고 칭찬하시는 주님의 얼굴을 뵐 수 있을 것이다.

성화 5: 묵상과 기도

예수님의 영광스러운 얼굴과 하나님의 자비로운 얼굴을 뵙는 것은 성경 읽는 시간과 기도하며 묵상하는 시간을 통해 경험할 수 있다. 육신의 눈이 아닌 영적인 눈으로 하나님의 얼굴을 볼 수 있다: "마음이 청결한 자는 복이 있나니 그들이 하나님을 볼 것임이요"(마 5:8). 하나님을 뵙게 될 때 그의 뜻을 깨달으며 분별할 수 있는 힘이 생긴다. 또한 하나님의 얼굴을 일상적인 사람들과의 관계 속에서, 목말라하는 사람, 배고픈 사람, 마음이 아픈 사람, 옥에 갇힌 사람, 집이 없는 사람들의 모습에서 볼 수 있는 눈이 열린다(마 25:35-40 참조). 피곤하고 지치고 고통스러워하는 사람들과 동일시하시며 공감하시는 예수님의 모습을 읽어내는 감수성이 생긴다. 더 나아가 일상적인 삶에서, 자연 속에서, 영화나 소설, 또는 신문 기사 속에서 하나님의 숨결을 느끼게 된다. 하나님의 마음을 느끼는 '영혼의 창'이 흐려지지 않도록 말씀과 기도에 힘쓰는 삶이 필요하다. 그런 삶을 사는 자는 예기치 않은 순간에 잠시 자신의 모습을 드러내시는 하나님의 음성과 모습을 듣고 볼 수 있는 기쁨을 누릴 수 있다.

성화 6: 지사충성

십자가 사랑의 은혜를 진정으로 깨달은 자는 주님을 향하여 자신의 생명을 바치기까지 충성할 수 있다. 왜냐하면 자신의 생명이 이제는 더 이상 자신의 것이 아님을 잘 알기 때문이다. 우리는 이미 주님의 소유로 명의이전 된 자들이다. 우리가 사는 것이 아니라 우리 안에 예수님이 사는 것이다(갈 2:20 참조). 이것이 진정한 크리스천의 삶의 모습이다. "사나 죽으나 우리가 주의 것이로다"(롬 14:8)라고 생각하는 사람은 바울처럼, 베드로처럼 '일사각오'의 정신으로 충성할 수 있다. 목사님들의 목양실에서 종종 '至死忠誠'이라고 쓴 글귀를 볼 수 있다. '지사충성'은 목회자들뿐 아니라 모든 성도들의 좌우명이 되어야 한다.

성화 7: 성도의 본분

본분(本分)을 추구하는 성도는 예수 그리스도를 영화롭게 하는 삶을 산다. 하나님의 이름이 거룩하게 여김을 받으시도록 하는 삶을 산다. 매일 자신의 삶을 돌아보며 하나님을 기쁘시게 하는 삶을 살았는지 점검하는 삶을 산다.

성화 8: 하나님을 경외하는 삶

라틴어로 '코람 데오'(coram Deo)라는 말은 '하나님 앞에서'라는 뜻이다. 모든 일을 할 때에 하나님 앞에서 하고 있다고 생각하면 태도가 달라질 것이다. 머리로는 하나님이 우리와 동행하신다고 믿지만 실제 삶으로는 하나님이 우리의 모든 삶을 다 지켜보시며 아신다는 것을 부인하고 살아갈 때가 많다.

죄를 지을 수 있는 것은 하나님의 목전에서 살고 있다는 인식을 부인하거나 억압하기 때문이다. 죄 인식을 하면 불안하기 때문에 불안을 회피하기 위하여 억압하거나 합리화한다. 다윗은 이와 같은 자를 어리석은 자라고 지적했다: "어리석은 자는 그 마음에 이르기를 하나님이 없다 하도다 저희는 부패하여 가증한 악을 행함이여 선을 행하는 자가 없도다"(시 53:1). 적극적으로 하나님을 부인하는 어리석은 자들이 많다. 그러나 소극적으로 하나님을 부인하는 삶을 사는 자들도 많다. 성도들조차 하나님이 마치 안 계신 것처럼 행동할 때가 있다. 하나님이 살아 계신 분이시며 무소부재

하신 분임을 참으로 믿으면 성도들의 삶의 자세와 행동이 변화할 수밖에 없다. 특히 죄짓는 일을 두려워할 것이다. 그러나 많은 사람들이 보이는 사람들의 눈은 두려워하면서도 하나님의 눈을 두려워하지 않는다. 하나님은 일단 눈에 보이지 않는 분이며 당장 죄에 대한 심판이 나타나지 않기 때문이다. 요셉이 자기 주인 보디발의 아내의 끈질긴 유혹 앞에서 "내가 어찌 이 큰 악을 행하여 하나님께 죄를 지으리이까"(창 39:9)라고 말하며 유혹을 뿌리칠 수 있었던 것은 바로 '코람 데오'의 신앙 정신을 철저하게 갖고 있었기 때문이다.

성화 9: 예수님과 동행하는 길

예수님만 따라가며 말씀에 순종하는 삶을 살기로 결심하면 우리의 행하는 길을 밝은 길이다. 비록 좁고 험한 길이지만 구원이 보장된 길이다. 영생의 길이다. 어두운 세상에서 인생길을 갈 때에 등불 역할을 하는 하나님의 말씀에 순종하면서 한 걸음 한 걸음 가면 된다. 해바라기가 부른 "내가 가는 길이 험하고 어려울지라도 그대 힘께 한다면 좋겠네"라는 노래 가사가 생각난다. 예수님이 동행하면 어떤 길도 두려워하지 않고 기꺼이 따라갈 수 있다.

성화 10: 십일조

고 옥한흠 목사님이 십일조는 하나님에 대한 성도의 사랑을 시험해볼 수 있는 좋은 기준이 된다고 설교하시면서 유격 훈련의 하나인 줄타기 훈련을 비유로 든 것이 기억난다. 인간이 가장 공포를 느끼는 높이는 11 미터라고 한다. 그래서 줄타기 훈련을 할 때 10 미터 높이에 줄을 걸고 훈련병을 줄 위에 서게 하면 11 미터가 조금 넘는 위치에서 고공 훈련을 시킬 수 있다는 것이다. 이 높이의 고공 훈련을 통과하면 더 높은 높이에서의 훈련은 능히 감당할 수 있다. 옥 목사님은 십일조는 물질에 대한 집착과 하나님에 대한 사랑을 시험해볼 수 있는 좋은 훈련 방법이라고 설교하셨다. 그 말씀에 전적으로 동의한다. 십일조조차 아까워하는 마음이 있다면 그것은 삶에서 여전히 자신이 주인임을 나타내는 것이다.

성화 11: 주의 일 하기 1

주의 일은 꼭 목회나 선교를 하는 것이 아니다. 주의 일을 하라는 소명은 모든 성도들에게 주어졌다. 그것은 삶의 현장에서 예수님이 주되심을 드러내는 것이다. 그리고 주의 일은 예수님을 믿는 것이다: "그들이 묻되 우리가 어떻게 하여야 하나님의 일을 하오리까 예수께서 대답하여 이르시되 하나님께서 보내신 이를 믿는 것이 하나님의 일이니라 하시니"(요 6:28-29). 그리고 하나님의 일은 예수님께서 하셨던 일을 우리도 하는 것이다. 즉 복음을 전파하며 병든 자를 돌보며 마귀의 권세에서 사람들을 자유하게 하는 것이다(마 10:1 참조). 그리고 먹든지 마시든지 무엇을 하든지 하나님을 영화롭게 하는 것이다.

성화 12: 주의 일 하기 2

하나님의 일은 멀리 있지 않다. 또한 일반적으로 생각하는 것처럼 크고 부담스러운 것만은 아니다. 목마른 자에게 냉수 한 그릇을 예수님 이름으로 대접하는 것이다. 헐벗은 자를 보고 불쌍히 여기고 가진 것을 나눌 수 있는 자비를 베푸는 것이다. 슬픔을 당하고 고통을 당하는 자들과 함께 눈물 흘리는 것이다. 아무 말도 할 수 없는 상황에서는 그냥 손이라도 잡고 함께 있어주는 것이다. 이 모두 주님의 마음으로 한다면 하나님의 일이다.

성화 13: 주님을 섬기기

주님을 높이며 섬기는 일은 평범한 일에서부터 시작할 수 있다. 주님은 더 이상 우리의 눈에 나타나는 보이는 분이 아니다. 그분은 성부 하나님 우편에 앉아 계신 영광스러운 성자하나님이시다. 그러나 슬픔을 당하는 자, 고통 중에 있는 자, 가난한 자, 외로운 자와 동일시하신다. 이들을 주님이 가셨던 온유한 마음과 겸손한 마음으로 공감하며 섬길 때 실제로 주님을 섬기는 것이 된다. 낮은 자리에 내려앉아 발을 씻기는 종의 자세로 삶을 살아갈 때 주님이 영광을 받으신다. 무엇인가 큰 일을 하거나 사람들의 주목을 받는 일을 해야 하나님께 영광을 돌리는 것이라고 생각하기 쉽다. 그러나 대부분의 경우에 주님은 드러나지 않는 구제와 골방에서의 기도와 금식을 기뻐하시며 인정해주신다(마 6:1-8 참조).

성화 14: 전심 사랑 1

예수님께서는 "네 마음을 다하고 목숨을 다하고 뜻을 다하여 주 너의 하나님을 사랑하라"고 말씀하셨다(마 22:37). 이 사랑은 전인격적으로 자신의 삶을 하나님께 드리는 사랑이다. 하나님은 온전한 것을 좋아하신다. 그리고 성결한 것을 좋아하신다. 마음이 나뉘는 것을 싫어하신다. 야고보 사도는 이것을 기도와 연결시켰다: "오직 믿음으로 구하고 조금도 의심하지 말라 의심하는 자는 마치 바람에 밀려 요동하는 바다 물결 같으니 이런 사람은 무엇이든지 주께 얻기를 생각하지 말라 두 마음을 품어 모든 일에 정함이 없는 자로다"(약 1:6-8). '두 마음을 품는'(double-minded) 사람의 기도는 응답받지 못한다.

성화 15: 전심 사랑 2

"네 마음을 다하며 목숨을 다하며 힘을 다하며 뜻을 다하여 주 너의 하나님을 사랑하고"(눅 10:27)라는 말씀은 같은 의미를 반복함으로써 강조하는 것으로 해석할 수 있다. 그러나 이 말씀을 신체 기관을 상징적으로 연결시켜 전인격적인 사랑을 의미하는 것으로 해석할 수도 있다. 첫째, 마음을 다한다는 것은 심장과 연결된 사랑이다. 심장은 감정과 정서를 상징한다. 예수님의 이름만 들어도 감격스럽고 감사하고, 기쁘고, 친밀감이 느껴지는 사랑이다.

둘째, 목숨을 다해 사랑하는 것은 폐와 관련된 사랑이다. 폐에 공기가 들어가지 않으면 호흡이 끊어져 죽는다. 공기가 폐에 들어가고 나가면서 생명을 연장시킨다. 폐에 들어간 공기를 사용해서 인간은 말을 하며 노래를 한다. 기도와 찬양은 하나님을 사랑하는 표현이다.

셋째, 힘을 다해 사랑하는 것은 내장과 연결된 사랑이다. 내장은 음식물을 소화해서 에너지를 발생시키는 신체 부분이다. 내장 사랑은 이웃을 향해 봉사하며 섬기는 사랑이다. 하나님을 영화롭게 하기 위해서 구체적으로 힘을 사용하며 실천하는 사랑이다. 이 사랑은 개인적인 경건생활로 사랑을 제한하지 않는다. "기도하고 일하라"(*ora et labora*)라는 수도사들의 수행 규칙처럼 균형 잡힌 영성 생활을 하는 것이 하나님에 대한 내장 사랑의 표현이다.

마지막으로 뜻을 다해 사랑하는 것은 뇌와 관련된다. 성경을 읽으며 공부하며 연구하며 해석하며 적용하는 것은 하나님을 사랑하는 표현이다. 뜨거운 가슴과 균형을 이루어질 수 있는 냉철한 지성과 하나님에 대한 지식에 대한 갈급함을 느끼며 말씀을 연구하는 자세가 성도에게 꼭 필요하다. 이 네 가지 사랑이 균형을 이룰 때 성숙한 신앙생활을 할 수 있다.

성화 16: 하나님의 주권을 인정하기

온 마음을 주님께 드리는 것이 중요하다. 해리된 마음이 아닌 전심을 드리는 삶이 주님이 요구하는 삶이다. 주님이 우리의 마음에서 완전히 주인이 되는 삶이다. 일부의 영역이라도 우리가 주인 행세할 때 주님은 안타까워하신다. 주님이 우리의 마음을 온전히 다스리는 왕이 되실 때 역설적으로 우리는 진정한 의미에서 자유인이 된다. 주님께 자동차 열쇠와 운전석을 완전히 맡기고 뒷자리로 옮겨 앉는 것이 진정한 자유와 평안을 누리는 길이다.

성화 17: 주님께 위임하기

영어 표현에 '뒷좌석 운전'이란 표현이 있다. 뒷좌석에 앉아서 운전하는 사람에게 이렇게 저렇게 운전하라고 불필요한 잔소리를 하는 것을 뜻한다. 강박성 성격장애를 가진 사람의 증상들 중의 하나는 남에게 일을 맡기지 못하는 것이다. 이런 사람은 자기가 해야 직성이 풀리고 맡겨놓고도 불안해서 자꾸 간섭한다. 실수하는 것을 두려워하고 자신의 삶을 통제하려는 욕구가 매우 강하다. 이런 사람은 주님께 자신의 삶을 온전히 맡기지 못한다. 뒷좌석에 앉아서 평안하게 가면 되는데 "우회전, 좌회전" 하면서 계속 지시한다. 이런 사람을 차에 태우고 가면 짜증난다. 이렇게 간섭하는 것은 운전하는 사람을 믿지 못하고 맡기지 못하기 때문이다. 우리가 이와 같은 행동을 주님에게 하고 있지 않나 곰곰이 반성해볼 필요가 있다.

성화 18: 찬송

찬송은 구원받은 성도의 마땅한 본분이며 특권이다. 찬송은 영원한 하나님 나라에서도 계속된다. 예언도 폐하고 방언도 그치고 치유도 종결될 때가 온다. 그러나 찬송은 영원히 지속된다.

찬송은 성도의 삶의 일부이자 전부다. 목소리가 비록 좋지 않더라도 마음 중심에서 나오는 찬송은 주님을 기쁘시게 한다. 성악가의 찬송이 사람듣기에는 괜찮게 들릴 수 있다. 그러나 영혼이 없는 찬송이라면 주님과 관계없다.

성도들은 영생을 주신 구주 예수님을 찬송하며 사는 자들이다. 삶이 어려울 때에도 찬송하면 삶에서 변화가 일어나는 능력을 체험할 수 있다. 바울과 실라는 빌립보 지역에서 전도하다가 매를 맞고 옥에 갇히는 신세가 되었다. 그러나 그들은 한밤중에 "기도하고 하나님을 찬송"했다. "이에 갑자기 큰 지진이 나서 옥터가 움직이고 문이 곧 다 열리며 모든 사람의 매인 것이 다 벗어"지는 놀라운 역사가 일어났다(행 16:26). 비록 힘들고 고통스러운 환경이 바울과 실라가 경험했던 것처럼 "갑자기" 변화하지 않더라도 찬송하는 성도에게 주님은 어려운 삶을 극복해살 수 있는 능력을 날마다 부어주신다.

성화 19: 그리스도 안에서

바울은 그의 서신에서 "그리스도 안에서"라는 표현을 자주 썼다. 그리스도의 경계선(boundary) 안에서 행해질 때 기독교적이다. 구원과 구속은 그리스도 안에서만 가능하다. 성도의 삶은 그리스도 안에서만 진정한 의미가 있다. 성도의 가정생활, 사회생활, 친구관계 등 모든 것이 그리스도 안에서 이루어져야 참된 의미가 있다.

성도의 즐거움은 예수님 안에서 경험되어야 한다. 세상적인 즐거움과 쾌락, 정욕적인 즐거움은 예수님 밖에서 일어난다. 이 경계선이 희미해지면 성도는 세상과 짝을 맺는 죄악을 범하게 된다. 성도는 즐거움 그 자체를 위한 즐거움을 추구하는 자가 아니다. 봉사와 섬김 뒤에 찾아오는 기쁨을 즐기는 것이 성도의 삶이다. 이말은 세상에서 일반적으로 경험하는 즐거움을 완전히 무시하라는말이 아니다. 코미디를 보고 웃고 즐거워할 수 있다. 여행을 통해즐거움을 경험할 수도 있다. 취미 생활을 통해 즐거움을 경험할 수도 있다. 그러나 그 어떤 경우에도 예수님 안에서 이루어져야 한다. 그렇게 될 때 먹든지 마시든지 무엇을 하든지 다 주의 영광을위해서 살 수 있다.

성화 20: 성도의 정체성

성도는 세상 사람들과는 다른 정체성을 가진 자다. "너 하나님의 사람아!"라고 스스로 인식하고 살아가는 자다. '주의 사람'은주의 소유된 백성이며 주께 소속된 백성이다. 주의 사람은 주의 뜻을 따라 사는 자다. 삶에서 주님의 다스리심에 순종하면서 살아가기를 기뻐하는 자다. 더 이상 죄의 종이 아니며 마귀의 종이 아니다. 따라서 마귀가 부른다고 귀를 기울이거나 순종하지 않는다. 자신을 죄에 대해서는 죽은 자처럼 여기고 살아간다.

성화 21: 균형 잡힌 시각

삶을 단순화시켜 이야기한다든지 좁은 시각을 가지고 마치 그것이 전부인양 확신에 차서 말하는 사람들이 있다. '정저지와'(井低之蛙)라는 말이 있다. 우물 속에 있는 개구리가 볼 수 있는 부분은 우물의 원주 안에 들어오는 하늘뿐이다. 우물 속에서 본 하늘을 마치 하늘 전체이며 세상 전체인양 이야기하는 것은 우매함이자 만용이다.

지혜자는 넓은 시각과 균형 잡힌 시각을 갖고 있다. 그 균형 잡힌 시각마저 한계가 있음을 솔직히 인정할 줄 안다. 다른 학문 분야에서도 적용되겠지만 특히 신학자에게는 겸손한 자세가 더욱 필요하다. 하나님에 대한 이해도 성경에 계시된 것에 제한되는 것이다. 하나님은 인간의 두뇌로 다 이해될 수 없는 분이다. 하나님의 신비로운 영역과 불가해적인 영역을 겸손히 인정하는 것이 참 지혜. 성경해석에 있어서 해석자의 오류가 완전히 배제될 수 없음을 겸손히 인정하는 태도가 신학자들과 목회자들에게 필요하다. 자신의 견해가 최고인양 생각하고 자기 견해와 맞지 않으면 무조건 배척하는 이들이 있다. 이와 같이 독불장군 식의 태도를 취하는 것은 자신의 교만과 무지만 드러낼 뿐이다.

성화 22: 예수만이 참 보배

"보배 삼는다"는 것은 가치와 의미를 부여하는 것이다. 예수님에게 가치와 의미를 두지 않는 사람에게는 예수님의 복음이 보배로 보이지 않는다. 보배를 돼지에게 던지는 격이다. 불신자들은 눈은 뜨고 있어도 제대로 보지 못한다. 복음을 전해도 받아들이지 않는 것은 보배로 보지 못하기 때문이다. 세상에 보이는 것들 중에 더 보배로운 것들이 많은데 유대인으로 태어나 십자가에 달려죽으신 예수님을 최고의 보배로 삼는다는 것은 믿음의 눈이 열리지 않으면 불가능한 일이다.

세상에서 보배로 보이는 것은 다 잠정적인 유익과 기쁨을 준다. 그러나 인간의 핵심 문제인 죄를 해결할 수 있는 길이 될 수 없다는 사실을 깨닫는 눈이 열려져야 예수님을 보배로 볼 수 있다. 영적인 눈을 떠야 건축자들이 버린 돌이 성전의 머릿돌이 됨을 깨달을 수 있다. 영적인 눈을 뜨는 것은 전적으로 성령 하나님이 베푸시는 특별 은총이다. 누구도 그로 말미암지 않고는 영적 눈을 뜰 수 없다: "사람이 물과 성령으로 나지 아니하면 하나님의 나라에 들어갈 수 없느니라"(요 3:5).

성화 23: 예수님과 애착된 삶

예수님에 대한 사랑이, 예수님으로부터 받은 사랑이 세상에서 귀하게 여기는 것들을 더 이상 귀하게 보이지 않게 한다. 예수님을 진정으로 사랑하게 되면 먹을 것, 입을 것, 지위와 영화와 같은 것들에 대한 집착과 두려움 및 불안이 점점 줄어든다. 요한은 이 역동성을 "사랑 안에 두려움이 없고 온전한 사랑이 두려움을 내쫓나니"(요일 4:18)라는 말씀으로 이 역동성을 잘 표현했다.

성화 24: 신실한 친구 예수님

세상에서 정말 믿을 수 있는 친구가 한 사람이라도 있다면 어떤 어려움에도 완전히 좌절하지는 않을 것이다. 설령 우리에게 이 세상에서 믿을 수 있는 친구가 단 한 사람도 없다고 할지라도 예수님은 진실한 친구가 되신다. 이 사실을 기억할 때 곤욕을 겪는 일을 당해도 견딜 수 있는 용기를 얻는다. 세상 사람들이 다 우리를 버린다고 할지라도 예수님은 우리를 결코 버리지 않는다. "온 세상 날 버려도 주 예수 안 버려 끝까지 나를 돌아보시니"라는 찬송가 사는 진실하다. 예수님은 성도들의 신실한 친구다. 완전히 믿고 마음을 터놓을 수 있는 좋은 친구다.

성화 25: 도우시는 예수님

자신의 힘만 의지하면 우리는 세상과의 싸움에서 패할 수밖에 없는 연약한 존재다. 특히 드러나게 부끄러운 죄를 지은 후에는 하나님 앞에서 송구스럽고 사람들 앞에서도 자신이 없고 주눅이 드는 취약한 존재다. 그럴 때에도 예수님은 우리에게 '상처 입은 치유자'의 모습으로 나타나셔서 위로하시며 격려해주신다. 좌절한 자리에서 일어나라고 우리의 손을 붙들어 일으키신다. 삼십 팔 년 된 병자처럼 스스로 회복할 수 없는 상황 속에서 "네 자리를 들고 일어나 걸어가라"고 말씀하신다(요 5:1-9 참조). 실명한 자처럼 앞을 분별하지 못하던 삶에서 돌아서도록 우리의 눈을 뜨게 하시며 밝히 보게 하신다. 귀먹은 자처럼 하나님의 말씀과 이웃의 권면을 제대로 알아듣지 못하고 자행자지(自行自止) 하던 우리의 귀를 여시고 깨닫게 하신다. 그리고 악한 마귀와의 참소와 유혹에 넘어지지 않도록 수비용 무기와 공격용 무기로 재무장시켜주신다.

성화 26: 젖먹이 신앙인

신앙적인 의미에서 성인 아이들이 교회 내에 많이 있다. 신앙생활의 연수는 늘어나 성숙하게 보이며 교회에서 직분을 갖고 봉사하면서도 실제 신앙의 수준은 여전히 유아기, 유년기, 혹은 청소년기 수준에 머물러 있는 신자들이 많다. 어린 아이 수준의 신앙을 가진 이에게 장성한 신앙인의 삶을 기대하는 것은 무리다. 발달 단계에 맞게 이해하며 격려해주는 태도가 필요하다. 예수님은 이런 신앙인의 상태를 잘 아시며 그 수준에서 맞게 기대하신다. 문제는 성장할 수 있는 시간이 충분히 지났음에도 불구하고 여전히 어린 아이 수준에 머물러 있는 것이다. 우리는 젖 먹는 단계를 뒤로하고 장성한 삶으로 나아가야 한다: "내가 어렸을 때에는 말하는 것이 어린 아이와 같고 깨닫는 것이 어린 아이와 같고 생각하는 것이 어린 아이와 같다가 장성한 사람이 되어서는 어린 아이의 일을 버렸노라"(고전 13:11).

성화 27: 죄를 반복하지 않기

성도의 삶은 계속 쓰러지고 넘어지고 실패하며 조금 나아지면 이전 경험을 잊어버리고 반복적으로 죄악에 빠지는 삶이 아니다. 사사시대의 이스라엘 백성들은 그와 같은 삶을 살았다. 그러나 성도는 과거의 실패 경험을 거울로 삼아 다시는 동일한 죄악으로 넘어지지 않도록 경성해야 한다. 그리고 악과의 싸움에서 승리하는 삶으로 나아가야 한다. 성도의 삶은 아픔이든 실패든 그 경험을 통해서 성숙으로 나아갈 때 의미가 있다. 다람쥐가 쳇바퀴 돌듯이 제자리걸음하거나 뒤로 퇴행하는 삶은 성도의 삶이 아니다. 인간은 누구나 실수하거나 잘못할 수 있다. 중요한 것은 그 실수나 잘못을 통해 어떤 삶으로 변화하느냐 하는데 있다.

주께로 한 걸음씩 가까이 가는 대신 세상으로 한 걸음씩 옮긴다면 그것은 영적 '퇴행'이다. 그 자리에 끼여 있어 빠져나오지 못하거나 뒤로 퇴행하는 자녀에게 하나님은 종종 '인생 막대기'로 때리고 치신다. 그래서 정신을 차리고 회개하여 주께로 가까이 갈 수 있게끔 동기를 부여하신다. 그런 징계는 성도가 사생자가 아님을 확인하는 징계다: "무릇 징계가 당시에는 즐거워 보이지 않고 슬퍼 보이나 후에 그로 말미암아 연단 받은 자들은 의와 평강의 열매를 맺느니라"(히 12:11).

성화 28: 인내하며 격려하시는 주님

성령으로 거듭나서 새 생명의 삶을 시작한 사람은 기본적으로 하나님의 뜻을 따라 살려고 하는 새로운 성품을 갖게 된다. 그러나 중생을 경험했다고 해서 그 사람이 그 순간부터 갑자기 영적으로 성숙한 크리스천이 되는 것이 아니다. 변화를 감지하기 힘들 정도로 천천히 성화의 과정을 밟아 가는 것이 드문 일이 아니다. 주님은 변화가 더디며 어떤 때에는 한 걸음도 떼지 못하는 우리를 바라보시며 쉽게 성내지 않으시고 인내하며 격려해주신다. 이것이 주님이 우리를 향하신 사랑의 특징이다(고전 13:4, 5 참조)

성화 29: 몸을 구별하기

우리의 몸과 삶은 주님의 것이다. 왜냐하면 우리를 자신의 보혈로 값 주고 사셨기 때문이다. 더 이상 우리 몸과 삶은 우리 마음대로 주장할 수 없다. 결혼하게 되면 각 배우자는 더 이상 자신의 몸과 삶을 자신 마음대로 주장할 수 없다(고전 7:4 참조). 서로가 한

몸이 되었고 서로에게 준 바 되었기 때문이다. 마찬가지로 신랑 되신 예수님께 신부가 된 우리는 더 이상 우리의 삶을 좌지우지하며 살아서는 안 된다. 오직 주님의 뜻을 따라 살려고 노력하며 주님의 뜻을 분별하며 실천하는 삶을 살아야 주님이 기뻐하는 삶을 살 수 있다.

바울은 "너희 몸을 하나님이 기뻐하시는 거룩한 산 제물로 드리라 이는 너희가 드릴 영적 예배니라"(롬 12:1)고 우리에게 권면한다. 제물은 죽어야 한다. 죽은 자는 반응하지 않는다. 죄에 대해서는 더 이상 반응하지 않는 자가 되어야 거룩한 산 제물이 될 수 있다. 산 제물이 되는 것은 삶에서 계속 일어나야 하는 성화의 과정을 말한다. 성도는 죄에 대해서 죽은 자다. 그러나 현실적으로는 죄에 대해서 여전히 살아있다. 죄의 영향을 여전히 역동적으로 받고 있다. 따라서 죄와 싸우는 역설적인 삶을 살아야 한다.

성화 30: 내려놓기 1

무엇인가 손에 잡으려고 하면 할수록 집착하게 되고 나중에는 그 잡으려고 하던 것이 우리의 덜미를 잡고 놓아주지 않는 것을 경험한다. 집착할수록 걱정, 근심, 염려, 불안은 상대적으로 늘어난다. 진정한 기쁨, 만족, 평안은 줄어든다. 집착하면 강박적인 사고와 강박적인 행동이 특징인 중독 과정이 시작된다.

물에 빠졌을 때 살기 위해서는 역설적으로 구조자를 완전히 신뢰하고 자신을 맡기며 힘을 빼야 한다. 살려고 발버둥치는 통제의 식을 내려놓아야 살 수 있다. 구조자를 붙들고 힘을 빼지 않으면 둘 다 죽는다.

성화 31: 내려놓기 2

분노와 상처, 아픈 기억, 수치, 열등감, 죄책감과 같은 것들을 스스로 해결해보겠다고 붙들고 씨름하면 할수록 우울증과 좌절이라는 깊은 늪에 빠져들게 될 것이다. 그러나 십자가 앞에 서서 손에 꽉 쥐고 있는 것들을 내려놓고 떠나보낼 수 있을 때 십자가의 구속의 능력과 의미가 마음에 채워지는 것을 경험할 수 있다. 내려놓을 때 예수 그리스도의 사랑과 용서가 마음을 채우는 역설적인 변화와 치유가 일어날 수 있다. 사소한 것에 얽매여 주변 사람들이 행했던 크고 작은 실수, 잘못, 그리고 상처준 것에 민감하게 반응하는 것으로부터 점점 자유로워질 수 있다. 너그러운 마음, 온유한 마음, 바다같이 넓은 마음, 즉 예수 그리스도의 마음을 품을 수 있게 된다: "너희 안에 이 마음을 품으라 곧 그리스도 예수의 마음이니"(빌 2:5).

성화 32: 영적 각성 1

건강하게 살려면 혈관 여기 저기 침착되어 피의 흐름을 방해하는 심리적이며 영적인 악성 콜레스테롤을 제거해야 한다. 그래야 우리 내면에 예수 그리스도의 피가 원활하게 공급되어 하나님의 뜻을 분별하며 구현하는 삶을 살 수 있다. 청결하고 막히지 않은 영적 혈관이 영적 건강성을 유지하는 데 꼭 필요하다. 치명적인 죄악들이 영적 혈관을 막아 혈전을 만들지 않도록 평소에 영적 훈련과 적절한 다이어트를 병행해야 한다. 영적 비만과 영적 마름은 다 극단적인 영적 나태의 모습이다.

구약 시대에 성전의 지성소에는 매일 금촛대에 불이 켜져 있었다. 제사장들은 그 불이 꺼지지 않도록 번갈아 가며 불침번을 서야 했다. 마찬가지로 성령 하나님이 거하시는 성소인 성도의 마음에 성령의 불이 꺼지지 않도록 불침번을 세워야 한다. 죄와 욕심이 성령의 불을 소멸치 않도록 해야 한다: "성령을 소멸하지 말며"(Do not put out the Spirit's fire) (살전 5:19). 성령이 충만하면 성도의 마음에 오물이 들어올 수 없다. 성령이 충만하면 악한 마귀가 청소한 집에 들어오지 못한다. 영적인 잠을 자지 않아야 도둑이 침입하지 못한다.

성화 33: 영적 각성 2

"항상 기뻐하라 쉬지 말고 기도하라 범사에 감사하라 이는 그리스도 예수 안에서 너희를 향하신 하나님의 뜻이니라"(살전 5:15-18)는 말씀을 늘 마음에 새기며 살아가는 것이 욕심이라는 악성 종양을 치료하는 화학 치료 방법이며 또한 종양의 재발을 막는 효과적인 방법이다. '거짓 나'로부터 출발하는 죄와 악은 모양이라도 버려야 한다. 작은 암세포라도 활동성의 암세포는 남겨두지 말고 모두 죽여야 완전히 치료될 수 있다. 누룩은 적은 양이라도 온 떡 반죽에 영향을 끼칠 수 있다. 겉과 속이 다른, 즉 '거짓 나'로 가득 차 있었던 바리새인들의 외식에 대해서 예수님은 '바리새인의 누룩'을 조심하라고 경계하셨다. 외식은 경건의 모양은 있으나 경건의 능력은 없는 것이다(딤후 3:5 참조).

성화 34: 예수님의 멍에를 메기

적극적으로 예수 그리스도를 주인으로 모시고 살아가는 예수님의 종이 되어야 진정한 의미에서 죄로부터 자유로운 삶을 살 수 있다. 예수님의 멍에를 메는 것이 참으로 자유로울 수 있는 길이다. 또한 하나님의 말씀에 매이는 것이 참으로 해방된 삶을 사는 길이다.

예수님의 종이 될 때 오히려 능력과 기쁨을 누리는 역설적인 경험을 할 수 있다. 종으로서 예수님의 주되심을 삶 전체에서 인정할 때 죄로부터 자유로울 수 있다. 그러나 이것은 성도들이 죄의 역동성으로부터 완전히 자유롭다는 것을 의미하지 않는다. 성도들은 죄에 대한 심판으로부터 영원히 자유롭게 된 자들이다. 그러나 죄로부터 완전히 자유로운 종말론적인 나라를 대망 하는 존재로서 죄와 싸우며 살아야 한다.

성화 35: 회개 1

회개는 죄의 고백과 새로운 변화의 삶으로 돌아서는 결단과 행동을 수반하는 과정이다. 회개는 전인격적이다. 회개는 사고와 감정과 의지의 변화, 그리고 대인 관계의 변화를 동반한다. 그리고 하나님과 이웃 그리고 자신과의 관계에서 용서와 화해를 동반한다.

회개는 옛 자기를 벗어버리고 예수 그리스도 안에서 새 자기를 덧입는 사건이자 이어지는 과정이다. 거듭남 또는 중생은 영혼이 하나님께 반응하게 하는 성령의 역사다. 반면 회개는 거듭남을 경험할 때 인간이 하나님께 반응하는 태도와 행동이다. 동시에 죽을 때까지 계속해야 하는 과정이다. 예수님은 단회적 회개를 목욕한 것에, 계속적인 회개를 손이나 발을 씻는 것에 비유하셨다: "이미 목욕한 자는 발밖에 씻을 필요가 없느니라 온 몸이 깨끗하니라 너희가 깨끗하나 다는 아니니라"(요 13:10).

성화 36: 회개 2

죄악을 벗어버리려면 예수 그리스도의 십자가의 공로를 의지하여 자신의 죄악을 철저하게 회개하고 돌아서는 과정이 필요하다. 이 과정이 단번에 일어나는 때도 가끔 있다. 그러나 점진적으로 일어날 때가 훨씬 많다. 더 나아가 회개는 일회적인 사건일 뿐만 아니라 계속적인 작업이다. 우리도 죄로 오염된 세상에서 살면서 알게 모르게 죄를 짓는다. 그래서 손발을 씻는 회개는 계속되어야 한다(요 13:10 참조). 그러나 손이나 몸을 강박적으로 자주 씻는 강박증 환자처럼 강박적으로 회개하는 것은 신앙적으로 건강하지 못한 증상이다. 복음과 십자가의 능력과 은혜를 믿지 못하는 것이다. 강박은 불안에서 비롯된다. 진정한 회개는 불안에 그 동기가 있는 것이 아니다. 거룩하신 하나님을 가까이 하며 닮아 가는데 그 동기가 있다.

성화 37: 회개 3

죄짐을 벗어버린 후에 곧 동일한 죄짐을 다시 지고 가는 사람들이 있다. 회개한 후에 감정적으로 자유와 기쁨을 느끼지 못해 강박적으로 반복해서 회개하는 이들이 있다. 죄를 회개했을 때 진정한 기쁨이 밀려들 때가 있다. 그러나 여전히 감정적으로는 미진하고 불안하며 수치스러운 느낌이 남아 있을 때가 적지 않다. 특히 오랫동안 죄책감에 시달린 사람에게는 죄짐이 벗겨졌음에도 불구하고 생채기가 남아 있어서 완전한 자유와 해방감을 누리기까지는 시간이 걸릴 수 있다. 명심해야 할 것은 예수 그리스도의 십자가 보혈의 공로는 그 어떤 죄를 지은 자라도 회개한 자를 충분히 용서하는 능력이 있다는 사실이다. 하나님의 용서는 우리의 감정에 좌우되지 않는다: "동이 서에서 먼 것 같이 우리의 죄과를 우리에게서 멀리 옮기셨으며 아버지가 자식을 긍휼히 여김 같이 여호와께서 자기를 경외하는 자를 긍휼히 여기시나니 이는 그가 우리의 체질을 아시며 우리가 단지 먼지뿐임을 기억하심이로다"(시 103:12–14). 신실하신 하나님의 말씀과 약속에 아멘으로 응답하는 것이 겸손이다.

성화 38: 회개 4

회개는 개인적인 죄, 숨은 죄, 고백하지 못했던 죄, 인식하지 못했던 죄, 공동체적인 죄를 다 십자가 앞에 내려놓고 고백하는 과정이다. 그리고 더 이상 죄의 종, 마귀의 종이 되지 않겠다고 선언하는 것이다. 죄의 종으로서 붙들어 두려고 하는 마귀와의 단절을 하나님과 사람 앞에서 결단하는 것이다. 그리고 주 예수님께 속한 사람으로서 살겠다고 헌신하는 것이다. 또한 회개는 예수 그리스도 안에서 새로운 삶의 양식과 목적을 따라 살겠다는 약속이다.

성화 39: 회개 5

회개하려면 먼저 자신의 죄악성과 죄악을 인식해야 한다. 그리고 자신의 상처를 입은 모습, 곪고 썩어 있는 부분, 그리고 고통스러운 부분과 직면해야 한다. 또한 자신이 하나님과 이웃에게 그리고 자신에게 어떻게 파괴적인 삶을 살았는지에 대하여 애통하는 과정을 거쳐야 한다. 이런 회개 과정을 생략한 은혜는 '값싼 은혜'로 전락할 위험성이 높다.

회개는 심리치료 과정과 유사한 면이 있다. 진정한 의미에서 심리치료와 용서가 일어나려면 근원적인 뿌리를 직면해서 인식해야 한다. 그리고 아픔을 아픔으로 느낄 수 있어야 한다. 아픔과 고통을 회피할 때에는 일시적으로 증상을 완화하는 수준에서 치료가 그칠 수밖에 없다.

아픔을 느끼지 못하는 것은 죄의 특성이며 나병의 증상이다. 아픔을 느끼지 못하는 영적인 나병 환자 상태에 있음을 자각해야 한다. 내면의 부분 부분이 썩어가고 있음을 통증을 통해 자각하지 않는 한 회개는 어렵다. 아픔을 느끼는 것이 회개나 치료의 한 중요한 단계다.

성화 40: 회개 6

죄를 회개하게 하시는 분은 성령이다. 성령은 성도들이 죄를 회개하고 예수 그리스도를 주로 시인하며 고백하게 하시는 분이다. 성령께서는 우리의 마음에 역사 하셔서 하나님의 뜻을 분별하며 살 수 있는 새 자기로 거듭나게 하신다. 성령은 예수 그리스도께서 만들어주신 새 옷으로 성도들에게 입혀주신다. 이것이 은총이다. 그리고 우리가 예수 그리스도를 인격적으로 닮아가도록 거룩하게 하신다(엡 4:3, 13 참조).

성화 41: 말씀에 순종하기

베드로 사도는 "너희가 진리를 순종함으로 너희 영혼을 깨끗하

한 크리스천 상담학자의 묵상

게 하여"(벧전 1:22)라고 말씀했다. 하나님의 말씀을 통해 우리 자신을 조명하며 진리의 말씀에 전적으로 순종할 때 영혼의 성결이 일어난다는 것이다.

성도들도 죄로 오염된 세상 속에서 호흡하고 살기 때문에 채 인식하지 못하는 사이에 생각과 가치와 태도가 죄에 오염되기 쉽다. 오염된 생각과 가치, 태도를 하나님의 말씀으로 씻어내며 정결하게 하기 위해서는 매일 말씀을 읽고 묵상하며 순종으로 실천해야 한다.

성화 42: 성도의 견인

성도들이 걷고 있는 길은 비록 개개인에게는 전인미답(前人未踏)의 길처럼 여겨지지만 실제로는 수많은 믿음의 선배들이 걸어갔던 길이다(히 12:1 참조). 그 길에는 많은 위험과 위협과 유혹과 아픔과 혼란이 있었다. 그러나 그들은 그 길을 끝까지 포기하지 않고 걸어갔다. "구름 같이 둘러싼 허다한 증인들"이 그 길을 주목하며 격려하고 있음을 자각하자.

영화 "타이타닉"을 보면 파선된 후에 빙산이 떠다니는 바다 위에서 널빤지를 의지한 채 남자 주인공 잭이 여자 주인공 로즈에게 "너는 결코 포기해서는 안 돼, 너는 여기서 죽어서는 안 돼, 결코 포기하지 마"라고 용기를 북돋아주는 장면이 마지막 부분에 나온다. 남자 주인공의 그 희망을 불러일으키는 말이 구조대가 왔을 때 완전히 탈진된 여자 주인공으로 하여금 죽은 선원의 목에서 호각을 벗겨내어 마지막 힘을 다해 호각을 불게끔 힘을 실어주었던 것이다. 마찬가지로 성령 하나님은 성도가 신앙의 여정에서 포기하고 싶은 상황에 이를 때에도 "결코 포기해서는 안 돼, 결코 포기하지 마, 조금만 더 가면 돼"라고 말할 수 없는 탄식으로 말씀하시며 그를 위하여 중보기도를 하신다: "이와 같이 성령도 우리의 연약함을 도우시나니 우리는 마땅히 기도할 바를 알지 못하나 오직 성령이 말할 수 없는 탄식으로 우리를 위하여 친히 간구하시느니라"(롬 8:26).

성화 43: 갈등과 긴장

이 세상에서 살아있는 동안 '새 자기'로 완전한 통합을 이룬 상태에서 사는 신앙인은 한 사람도 없다. 신앙이 좋은 사람들도 정도의 차이는 있지만 갈등을 겪는다. 바울은 로마서 7장에서 자신이 겪었던 내적 갈등을 잘 표현했다. 이와 같은 갈등에서 오는 아픔을 회피하기 위한 방어기제로서 어떤 이들은 아예 갈등을 억압함으로써 인식하지 못한다. 그리고 갈등에서 비롯되는 불안을 회피한다. 겉으로는 평화롭게 살 수 있다. 그러나 이것은 위장된 평화다. 이것은 결코 해결책이 되지 못한다. 아프지만 그 긴장과 갈등을 인식하면서 '새 자기'가 '옛 자기'를 굴복시키는 작업을 계속해야 한다.

성화 44: 성령의 조명

흑백이 분명치 않은 영역에서 신앙적인 판단과 윤리적인 결단을 내려야 하는 경우가 있다. 삶의 모든 영역에서 칼로 무 베듯이 쉽게 하나님의 뜻을 분별할 수 있는 것이 아니기 때문이다. 갈등하고 기도하며 결정을 내린 후에도 확신하지 못할 때가 있다. 그러나 성령의 인도하심과 조명을 간구하고 성경을 묵상하며 읽는 생활을 평소에 할 때 사고와 감정과 의지가 하나님의 뜻에 훨씬 민감하게 조율될 수 있다.

성화 45: 이미 그러나 아직 아니

죄악을 벗은 영혼은 '옛 자기'를 벗어버리고 '새 자기'를 덧입는 과정을 경험한다(엡 4:22-24 참조). 예수 안에서 새 자기의 정체성을 확립하는 것은 매우 중요하다. 크리스천은 그의 삶의 중심에 예수 그리스도를 주인으로 인정하는 사람이며 성령의 인도하심을 받는 사람이다. 새 자기를 덧입게 되면 완전히 새사람으로 바뀌어야 하는데 실제에 있어서는 그렇지 않다. 이 때문에 많은 성도들이 혼란을 느낀다. 그러나 하나님의 나라의 속성인 '이미 그러나 아직 아니'의 틀이 죄악을 벗어버린 성도의 삶에 적용되는 것을 깨달을 때 '성화의 과정 중에 있는 자'로서의 정체성을 확립할 수 있다. 성도는 새 자기를 이미 덧입었지만 완전히 변화될 새 자기를 덧입기 위해서는 종말론적인 하나님의 나라가 도래하기를 고대하는 존재이다. 따라서 새 자기의 삶 속에 옛 자기의 삶이 때로는 밀려들어오며 새 자기와 옛 자기 사이에서 긴장과 갈등이 존재한다. 이것이 성화과정의 현실이다.

종말 1: 보이는 것 vs. 보이지 않는 것 1

롯은 아브라함과 목초지의 부족으로 인한 갈등 상황 속에서 신앙적인 관심보다는 현실적인 관심을 더 가졌다. 비록 재산의 손해를 보는 한이 있더라도 복의 근원이 될 것이라는 하나님의 약속을 받은 족장 아브라함과 거하는 대안을 생각하지 못했다. 그는 "눈을 들어" 물이 넉넉해서 목축업하기에 안성맞춤인 "여호와의 동산 같고 애굽 땅과 같"은(창 13:10) 요단 지역이 제공할 풍요로움과 안정을 내다보았다. 그리고 그곳을 선택하였다. 소돔에서 롯은 물질적으로는 풍부를 누렸다. 그러나 신앙적으로는 겨우 명맥만 유지하는 삶을 살았다. 소돔이 완전히 멸망하기 전에 전쟁으로 소돔 백성들이 잡혀가는 위기를 겪고 아브라함의 도움으로 구조되었지만 그는 소돔에 다시 머물렀다. 결국 소돔과 고모라가 유황불로 완전히 망하는 날 그동안 쌓아놓았던 재산 중에서 아무 것도 가지고 나오지 못했다. 하나님의 은총으로 겨우 목숨만 건진 채 빠져 나올 수 있었다. 천사의 말에 순종하지 않고 뒤를 돌아본 그의 아내가 소금 기둥으로 변하는 처참한 트라우마를 겪어야 했다. 두 딸과 동굴에 거하면서 심리적으로나 영적으로 폐인처럼 살았던 롯의 이야기는 보이는 것을 좇는 자들의 결말을 잘 교훈한다.

종말 2: 보이는 것 vs. 보이지 않는 것 2

면류관은 영예와 칭찬을 상징한다. 찬란하게 비취는 의의 면류관을 믿는 자들에게 주신다는 것은 큰 위로와 기쁨이 아닐 수 없다. "착하고 충성된 종, 아무개야!"라고 따뜻한 음성으로 우리를 부른다면 눈에서 감사와 감격의 눈물이 멈추지 않을 것이다.

오래 전에 꾸었던 기억나는 꿈 이야기이다. 사랑의 교회에서 주일 낮 예배 설교를 하기로 되어있던 주일 새벽에 꾼 꿈이다. 파티 같은 모임에 갔는데 거기 모인 사람들은 내가 전혀 모르는 사람들이었다. 누군가 입구에서 경품권을 나누어주었다. 사람들이 다 모이자 모임의 사회자가 경품에 당첨된 사람을 호명하기 시작했다. 최고 경품금은 이백만 원이었다. 마침내 사회자는 최고 경품금 당첨자를 호명했다. 놀랍게도 그는 "이, 관, 직" 하면서 큰 소리로 내 이름을 부르는 것이었다. 전혀 예상치 못했다가 나에게 이백만 원을 준다니 너무 기분이 좋았다. 그러나 당장에 돈을 주는 것이 아니고 그 경품권을 보관하고 있으면 모임이 끝날 때 준다고 했다.

나는 껌 종이 크기의 그 경품권을 잃어버리지 않으려고 호주머니에 넣고 계속 신경을 쓰며 모임을 구경했다. 그런데 어느 순간 호주머니에 손을 넣어 보니까 경품권이 없었다. 누군가 훔쳐 간 것이었다. 낭패감을 느끼면서 누가 훔쳐갔을까 싶어 주위를 돌아보니까 안색이 수상한 사람이 있었다. 화가 나서 그 사람에게 "당신 내 경품권 훔쳐간 것 맞지요! 당장 내놓지 않으면 경비원에게 알리겠소"라고 말했다. 그 사람은 태연하게 웃으면서 자기가 훔쳐갔다면서 자기와 그 상금을 절반씩 나누어 갖자고 했다. 나는 더 화가 나서 그렇게 하고 싶지 않으니까 빨리 경품권을 돌려달라고 그 사람에게 윽박질렀다. 경품권을 어떻게 돌려받았는지는 기억나지는 않지만 그 경품권은 내 손에서 바싹 말라 쉽게 부서지는 나뭇잎처럼 부서지고 말았다. 그 주일 아침에 설교하려던 설교 제목이 "보이는 것, 보이지 않는 것"이었다! 꿈에서 깨어나자마자 나는 금방 그 꿈의 의미를 깨달을 수 있었다. 보이는 것에 집착하지 말고 보이지 않는 영원한 나라에 시선을 고정하고 살자고 설교하려던 나 자신이 정작 보이는 것에 집착하고 있음을 깨닫게 해주는 꿈이었다. 꿈에서 깨어닌 후에 하나님이 내 머리를 한 대 후려치는 것 같은 느낌을 받았다. 그 날 설교를 이 꿈 이야기로 시작했던 기억이 난다. 그 날 설교 본문은 "우리가 주목하는 것은 보이는 것이 아니요 보이지 않는 것이니 보이는 것은 잠깐이요 보이지 않는 것은 영원함이니라"(고후 4:18)였다. 그 새벽에 꾼 꿈은 나의 모습을 정확하게 진단해주는 것이었다. 신령한 것을 나름대로 추구한다고 착각하고 있었던 것이다. 실상은 현실적인 것을 더 추구하는 나 자신을 부끄럽지만 직면해야 했다. 영원한 것보다는 잠정적인 것에 더 관심을 갖고 살았던 나의 모습을 볼 수 있었다. 성도들에게 설교하려고 했던 내용은 실상은 내가 들어야 할 설교였던 것이다. 예수 그리스도께서 심판주로 다시 오실 때 생명책 명단에서 "이, 관, 직"하고 호명되길 소망한다.

종말 3: 잠정적인 삶에 목숨 거는 사람의 불행

예수 그리스도와 관련 없이 사는 세상 사람들은 지혜로운 것 같지만 실상은 어리석다. 인생의 겨울이 오고 종말이 오면 영원한 심판이 기다리고 있기 때문이다. 이 두려운 현실을 모른 채 세상의 낙을 누리며 넓은 길을 가면 결국 영원히 멸망하기 때문이다. 세상의 낙과 즐거움은 잠정적이다. 성도들이 겪는 고난과 고통도 잠정적이다. 잠정적인 즐거움을 위해 영원한 고통을 선택하는 사람이 있다면 누구나 그를 보고 어리석고 우둔한 사람이라고 진단할 것이다. 그런데 많은 현대인들이 눈에 보이는 이 잠정적인 삶에 목숨을 거는 어리석은 삶을 살고 있다.

종말 4: 잠정적인 영화

세상의 영화는 잠정적이다. 곧 시들어 버리는 영화다. 팽팽한

한 크리스천 상담학자의 묵상

피부, 건강, 재물, 명예, 그 어느 것도 오래 버티지 못한다. 유효기간이 반드시 있다. 인생은 그야말로 풀과 같고 그 영화는 바람이 불면 곧 시들어버리는 들꽃과 같다(시 103:15 참조). 한 인생의 영화는 후세 사람들이 잘 기억해주지도 않는다: "이전 세대들이 기억됨이 없으니 장래 세대도 그 후 세대들과 함께 기억됨이 없으리라"(전 1:11). 또한 기억해준들 무슨 의미가 있을까? 성도는 이 성경적인 진실을 직시하면서 살아야 한다. 세상의 헛된 우상과 영화는 성도가 신앙의 여정에서 부르심의 상을 위하여 달려가는데 걸리기 쉽고 얽매이기 쉬운 것들이다: "모든 무거운 것과 얽매이기 쉬운 죄를 벗어 버리고 인내로써 우리 앞에 당한 경주를 하며 믿음의 주요 또 온전하게 하시는 이인 예수를 바라보자"(히 12:1-2). 이것들을 추구하는 삶은 거짓 자기의 삶이다. 연극적인 삶이며 표피적인 삶이다. 삶의 핵심적인 축 자체가 빠져 있는 삶이다. 이 삶을 계속 살면 눈과 귀가 열리지 않은 채 삶을 종결한다. 그 결과는 영원한 멸망이다.

종말 5: 잠정성과 심판

성경은 하나님이 세상을 심판할 날을 정해두셨다고 선포한다. 눈에 보이는 이 지구는 불에 타서 없어질 잠정적인 장소라고 주저없이 선언한다(벧후 3:6, 10, 12 참조). 피땀을 흘리며 일군 재산과 집과 아름다운 건축물들과 책들과 연구 업적들은 결국 불에 타

없어질 것이라고 선포한다. 바울은 성도의 삶의 의미를 여러 재료를 사용하여 집을 짓는 사람에 비유하였다. 그리고 "그 날이 공적(quality)을 밝히리니 이는 불로 나타내고 그 불이 각 사람의 공적이 어떠한 것임을 시험할 것임이니라"(고전 3:13)고 말씀했다. 그리고 "누구든지 그 공적이 불타면 해를 받으리니 자신은 구원을 받되 불 가운데서 받은 것 같으리라"(고전 3:15)고 성도들에게 경고했다.

예수 그리스도의 복음의 터 위에 집을 짓되 하나님이 인정하시는 수고를 할 때 그 수고는 불에 타지 않는 재질을 가진 것이다. 세상적인 수준에서 수고함으로써 타인과 인류를 위해 유익을 끼치는 것도 귀하다. 그러나 이 세상의 마지막 날 그 수고들은 단지 이 세상에서만 가치가 있었던 잠정적인(temporary/transitory) 수고였음이 드러날 것이다. 이것을 미리 깨닫는 성도가 참으로 지혜로운 자다. 성도는 이 세상에 존재하는 모든 것이 잠정적인 '대상들'(objects)임을 잘 인식하고 살아야 한다. 영원한 대상인 하나님과 영원한 천국을 주목(注目)하고 살아야 한다.

종말 6: 빈손 인생

우리가 가진 모든 재력, 정력, 체력, 지력이 모두 주님으로부터 온 것임을 겸손히 인정할 때 이기적인 삶을 내려놓을 수 있다. 자신의 것이라고 여기지 않을 때 자유와 평안을 누릴 수 있다. 그리고 언제든지 "빈손으로 왔다가 빈손으로 돌아가는" 인생임을 인식하고 도움이 필요한 사람들에게 너그럽게 손을 펼 수 있다. 욥은 이 빈손 인생을 철저하게 고백했다: "내가 모태에서 알몸으로 나왔사온즉 또한 알몸이 그리로 돌아가올지라 주신 이도 여호와시요 거두신 이도 여호와시오니 여호와의 이름이 찬송을 받으실지니이다"(욥 1:21).

종말 7: 양의 무리 vs. 염소의 무리

성도와 불신자는 겉으로 볼 때에는 별 차이가 없어 보인다. 비슷하게 살고 함께 직장생활을 하고 학교도 다니고 사업도 한다. 그러나 세상에 살았던 모든 자들은 마지막 날 심판대 앞에 모두 서야 한다. 이때 심판주는 양의 무리와 염소의 무리로 나누신다. 양의 무리는 예수님의 십자가의 구속의 은총을 힘입어 그 위에 집을 세운 사람들이자 구원받은 자들로 이루어질 것이다. 그러나 염소의 무리는 예수님에 대해 전도를 받고, 성경을 읽을 수 있는 기회도 있었고 여러 매체를 통해 복음에 접하고도 영접하지 않고 순종하지 않은 자들로 이루어질 것이다. 이들은 영원한 지옥의 형벌을 받을 자들이다. 심히 두려운 현실이다.

종말 8: 기여하는 삶과 개인적 종말

발달심리학자 에릭 에릭슨은 그의 팔 단계 심리발달이론에서 중년기에 해당하는 일곱 번째 단계는 '생산성 대 정체'(generativity vs. stagnation)가 핵심 주제이며 노년기인 여덟 번째 단계는 '인품 대 절망'(integrity vs. despair)이 핵심 주제라고 파악하였다. 중년기의 삶에서 이웃과 다음 세대를 위해서 무엇인가 의미 있는 일을 하지 않는다면 중년기 삶은 정체 상태에 머물게 된다는 것이다. 그리고 모든 것이 어우러져서 삶의 보람과 성취감을 맛보는 사람은 인품을 갖춘 노년기의 삶을 사는 반면에 그렇지 못한 사람은 절망과 무력감, 공허감을 경험하게 된다는 것이다.

에릭슨의 관점을 영적인 삶에 적용할 수 있다. 인생의 황금기에 하나님의 나라를 위해서 무엇인가 기여하는 삶을 살 때 마지막 삶의 순간에 예수님처럼 "다 이루었다"라고 말하며 삶을 마무리할 수 있다. 솔로몬은 "너는 청년의 때에 너의 창조주를 기억하라 곧 곤고한 날이 이르기 전에, 나는 아무 낙이 없다고 할 해들이 가깝기 전에 해와 빛과 달과 별들이 어둡기 전에, 비 뒤에 구름이 다시 일어나기 전에 그리하라"(전 12:1-12)고 우리에게 권면한다.

종말 9: 그 날

성도들에게는 '그 날'(D-day)이 삶의 의미를 결정한다. 예수님이 재림하실 것이라는 약속을 믿기 때문에 현재의 고통 속에서도 삶의 의미를 갖고 소망 중에 견딜 수 있다. 이 약속은 신실하신 하나님의 약속이며 언약이기 때문에 확실하다. 120년 뒤에 물로 세상을 심판하겠다고 말씀하신 하나님의 약속을 확실히 믿었던 노아는 믿음으로 심판의 날을 바라보며 방주를 완성했다. 사람들의 비난과 조롱에도 불구하고 그는 하나님의 약속을 분명히 믿었다. 마침내 모든 사람들과 모든 동식물들이 홍수로 수장되는 심판 속에서 그와 그의 가정과 방주 안에 들어온 동물들은 구원을 받을 수 있었다. 노아의 홍수 심판은 장차 임할 우주적인 심판의 예표다. 베드로 사도는 노아의 홍수 심판을 종말론적인 심판과 연결하여 다음과 같이 예언하였다:

> 먼저 이것을 알지니 말세에 조롱하는 자들이 와서 자기의 정욕을 따라 행하며 조롱하여 이르되 주께서 강림하신다는 약속이 어디 있느냐 조상들이 잔 후로부터 만물이 처음 창조될 때와 같이 그냥 있다 하니 이는 하늘이 옛적부터 있는 것과 땅이 물에서 나와 물로 성립된 것도 하나님의 말씀으로 된 것을 그들이 일부러 잊으려 함이로다 이로 말미암아 그 때에 세상은 물이 넘침으로 멸망하였으되 이제 하늘과 땅은 그 동일한 말씀으로 불사르기 위하여 보호하신 바 되어 경건하지 아니한 사람들의 심판과 멸망의 날까지 보존하여 두신 것이니라(벤후 3:3-7).

신자들에게 있어서 그 날은 눈물과 근심과 고통이 더 이상 없는 새 하늘과 새 땅으로 인도되는 우주적인 회복의 날이다. 심지어 피조물들조차 이 날을 기다리고 있다고 바울 사도는 말씀했다: "그 바라는 것은 피조물도 썩어짐의 종 노릇한데서 해방되어 하나님의 자녀들의 영광의 자유에 이르는 것이니라 피조물이 다 이제까지 함께 탄식하며 함께 고통을 겪고 있는 것을 우리가 아느니라"(롬 8:21-22). 반면 불신자들과 마귀와 그 추종세력들에게는 영원히 이를 갈며 통곡하게 되는 지옥불의 심판이 기다리고 있는 날이다. 성경은 이 사실을 분명히 선포한다. 하나님은 그의 성품상 식언하거나 거짓말을 할 수 없는 분이다. 오늘날도 "귀 있는 자는 성령이 교회들에게 하시는 말씀을 들을지어다"(계 2:7, 11, 29, 3:6, 13, 22)라고 우리에게 말씀하신다. 안타깝게도 귀가 막힌 자에게 우주적인 심판에 대한 경고의 나팔 소리는 들리지 않는다. 듣더라도 조롱할 것이다.

종말 10: 종말의 의미

신학교에서 가르치는 조직 신학 과목들 중에 '종말론'(eschatology) 과목이 있다. 이 영어 단어는 헬라어 'eschaton'에서 파생된 단어다. 이 헬라어 단어는 종말 또는 목표를 의미한다. 우주와 지구는 진화론자들의 이론처럼 우연히 발생해서 진화된 것이 결코 아니다. 종말이라는 종착지를 향해서 하나님이 계획과 목표를 가지고 창조한 것이다. 그 '에스카톤'을 염두에 두고 사는 성도는 삶의 목적과 목표가 분명할 수밖에 없다. 성도들도 이 세상에서 단기적인 목적과 목표를 갖고 산다. 그러나 단기적인 목적과 목표는 반드시

장기적인 목적과 목표와 연결되어야 할 것이다.

종말 11: 소망

기다리는 것은 단순히 희망이 아니다. '그 날'을 기다리는 성도들의 소망은 개인적인 희구가 아니다. 소망은 신실하신 하나님의 약속을 믿는 믿음에 기초한 것이다. 확실한 부활 소망이 있었기에 믿음의 선배들은 위협과 핍박을 두려워하지 않았다. 순교하기까지 신앙을 지킬 수 있었다:

> 어떤 이들은 더 좋은 부활을 얻고자 하여 심한 고문을 받되 구차히 풀려나기를 원하지 아니하였으며 또 어떤 이들은 조롱과 채찍질뿐 아니라 결박과 옥에 갇히는 시련도 받았으며 돌로 치는 것과 톱으로 켜는 것과 시험과 칼로 죽임을 당하고 양과 염소의 가죽을 입고 유리하여 궁핍과 환난과 학대를 받았으니 이런 사람은 세상이 감당하지 못하느니라 그들이 광야와 산과 동굴과 토굴에 유리하였느니라(히 11:35-38).

종말 12: 인생의 밤

하나님의 나라는 오후 5시경에 포도원에 일하러 부름을 받았던 사람에게도 동일한 품삯이 주어진 은총의 나라다. 한 시간밖에 일하지 않았는데도 하루 품삯을 받는 사람은 감격할 수밖에 없다. 마지막 순간까지 기회가 주어지는 것이 하나님 나라의 은총이다. 예수님의 십자가 옆에 달렸던 한 강도도 그런 은총을 입었다.

그러나 인생의 마지막까지 미루다가 막차를 타겠다고 생각하는 것은 어리석다. 왜냐하면 인생의 밤은 예고 없이 찾아오기 때문이다. 교통사고, 치명적인 병, 심장마비, 중풍, 지진, 쓰나미 등 인생의 어두운 밤은 남녀노소를 불문하고 어느 날 갑자기 찾아올 때가 대부분이다. 우주적인 종말의 날도 도둑이 예고 없이 오듯이 임할 것이다: "형제들아 때와 시기에 관하여는 너희에게 쓸 것이 없음은 주의 날이 밤에 도둑 같이 이를 줄을 너희 자신이 자세히 알기 때문이라 그들이 평안하다, 안전하다 할 그 때에 임신한 여자에게 해산의 고통이 이름과 같이 멸망이 갑자기 그들에게 이르리니 결코 피하지 못하리라"(살전 5:1-3). 따라서 성도들은 현재 삶에서 매일 성실하게 주님과 동행하는 삶을 살아야 한다. 이런 성도들에게 그 날은 깜짝 놀라거나 두려워하는 날이 되지 않을 것이다: "형제들아 너희는 어둠에 있지 아니하매 그 날이 도둑같이 너희에게 임하지 못하리니"(살전 5:4).

종말 13: 오늘이 마지막 날 1

엄밀한 의미에서 오늘 하루가 마지막 날일 수 있음을 인식하고 살아가는 사람은 지혜로운 사람이다. 예배할 때에도 이번 주일 예배가 마지막 예배일 수 있다고 생각하고 예배한다면 예배하는 자세가 달라질 것이다. 내담자와의 만남이 내담자에게나 상담사 자신에게 마지막일 수 있다고 생각한다면 상담사의 태도 역시 달라질 것이다. 가족과 지낼 수 있는 시간이 오늘이 마지막 날일 수 있다고 생각하고 살면 서로 용서하고 용서받고 하루를 마무리하게될 것이다. 해가 질 때까지 분노를 품지 않을 것이다(엡 4:26 참조). 설교자는 자신의 설교가 마지막 설교일 수 있다고 생각한다면 설교하는 자세가 달라질 것이다.

중학교 시절 영어 교과서에서 읽었던 "마지막 수업"이라는 스토리에 감동을 받았던 기억이 있다. 나라를 빼앗김으로 인하여 모국어로 수업하는 날로서는 마지막 날 수업에 참석한 한 소년이 느꼈던 감정들을 표현한 글이었다. 평소에는 지각도 하고 수업 시간에 장난도 치고 했지만 그 날 그 마지막 수업 시간에 선생님이 하셨던 말씀은 그 아이에게는 마음에 잘 박힌 못처럼 새겨질 수밖에 없었다. 오늘 하루가 마지막일 수 있다고 생각하고 살아가는 사람이 삶을 대하는 태도는 경건하며 진지할 수밖에 없다.

종말 14: 오늘이 마지막 날 2

모든 인간들은 내일 일을 예측할 수 없는 존재들이다. 따라서 오늘 기회가 주어졌을 때 빨리 주님을 구주로 영접해야 한다. 이 땅에서 개인적인 호흡이 끊어지는 순간 믿지 않았던 자에게 천국문은 영원히 닫혀버린다. 가톨릭교회는 연옥(煉獄)이 있어서 한번더 구원의 기회가 있다고 가르친다. 그러나 이것은 비성경적이다.

'오늘 여기에서'의 실존적인 기회가 마지막 기회라고 여기고 죄의 삶을 청산하고 주님께 손들고 가는 것이 영원히 사는 길이다.

인간은 내일을 보장받은 존재가 아니다. 내일 혹은 내년에 믿겠다고 미루는 것은 매우 어리석고 위험한 행동이다. 예수 그리스도의 십자가 보혈로 죄로부터 구속함을 받지 못한 모든 자들에게는 영원한 지옥 심판이 기다리고 있다는 것을 진정으로 깨닫게 된다면 예수 믿는 일을 미루는 것보다 어리석은 행동은 없을 것이다: "거기에서는 구더기도 죽지 않고 불도 꺼지지 아니 하느니라 사람마다 불로써 소금 치듯 함을 받으리라"(막 9:48-49).

종말 15: 내일로 미루는 것은 위험천만

영혼의 문제를 뒤로 미루는 것만큼 위험천만한 일은 없다. 내일의 삶을 보장받지 못한 인간이 내일 혹은 내년에 혹은 몇 년 뒤에나 믿겠다고 생각하는 것은 매우 어리석다. 하루 사이에 무슨 일이 일어날지 알 수 없는 인생이 예수님을 믿는 믿음 없이 살아가는 것은 자동차 보험이 없이 운전하는 것보다 백 배, 천 배 더 위험하다. 어리석은 부자는 소출이 풍성했을 때 "영혼아 여러 해 쓸 물건을 많이 쌓아 두었으니 평안히 쉬고 먹고 마시고 즐거워하자"라고 생각했다. 그러나 하나님은 그에게 "어리석은 자여 오늘 밤에 네 영혼을 도로 찾으리니 그러면 네 준비한 것이 누구의 것이 되겠느냐"고 부자의 어리석음을 지적하셨다(눅 12:16-21 참조). 예수님

한 크리스천 상담학자의 *묵상*

과 상관없이, 잠시 머물다 가는 인생길에 애착하다가 영원한 지옥 형벌을 받는 것은 너무나 어리석은 일이다. 그 날에는 아무리 후회한들 전혀 소용이 없다. 예수님은 이들은 이를 갈면서 후회할 것이라고 말씀하셨다: "생각하지 않은 날 알지 못하는 시각에 그 종의 주인이 이르러 엄히 때리고 외식하는 자가 받는 벌에 처하리니 거기서 슬피 울며 이를 갈리라"(마 24:50-51). 그 날은 다시는 유턴할 수 없는 막다른 골목과 같다.

종말 16: 동작 그만

천국 문은 항상 열려 있지 않을 것이다. 어느 날 홀연히 도둑같이 그 날이 임하면 천국 문은 순간적으로 닫혀버릴 것이다. 김서택 목사님이 설교 중에서 이런 경우를 '동작 그만'이란 군대 용어로 표현한 적이 있다. 천국 문은 한번 닫히면 그 후에는 아무리 두드리고 울어도 결코 열리지 않을 것이다: "준비하였던 자들은 함께 혼인 잔치에 들어가고 문은 닫힌지라 그 후에 남은 처녀들이 와서 이르되 주여 주여 우리에게 열어 주소서 대답하여 이르되 진실로 너희에게 이르노니 내가 너희를 알지 못하노라 하였느니라"(마 25:11-12). 노아가 하나님의 경고하심을 받아 120년 동안 방주를 짓고 있던 동안 하나님을 믿고 심판을 두려워하고 방주로 나아온 사람은 한 사람도 없었다: "그들은 전에 노아의 날 방주를 준비할 동안 하나님이 오래 참고 기다리실 때에 복종하지 아니하던 자들이라 방주에서 물로 말미암아 구원을 얻은 자가 몇 명뿐이니 겨우 여덟 명이라"(벧전 3:20). 노아는 분명히 하나님의 홍수심판을 당시 사람들에게 선포하고 그들을 깨우치려고 했을 것이다. 그러나 120년이란 오랜 세월 뒤에 일어날 일을 누구도 믿지 않았다. 모두가 노아의 말을 허황한 것으로 받아들였고, 노아와 그 가족이 미쳤다고 여겼을 것이다. 그러나 선택된 동물들과 노아와 그 가족이 다 들어간 뒤 하나님은 방주의 문은 닫으셨다: "여호와께서 그를 들여보내고 문을 닫으시니라"(창 7:16). 홍수가 들이닥쳤을 때 사람들은 후회해도 소용이 없었다. 방주에 들어가고 싶어도 들어갈 수 없었다: "지면의 모든 생물을 쓸어버리시니 사람과 가축과 기는 것과 공중의 새까지라"(창 7:23)

종말 17: 장망성과 소돔 및 고모라

존 버니언이 쓴 신앙소설 『천로역정』에 등장하는 주인공 크리스천은 장망성(장차 망할 성)을 떠나 천국으로 향하는 순례 길을 시작한다. 아내와 자녀들이 크리스천이 미쳤다고 생각하고 안 떠나겠다고 했을 때 할 수 없이 그는 혼자 장망성을 떠난다. 장망성 안에 머물러 살면 그곳에 불이 떨어지는 날 멸망을 피할 수 없다. 소돔과 고모라에 불 심판이 임했을 때 천사들은 머뭇거리는 롯에게 식구를 이끌고 급히 피하라고 재촉하였다. 롯의 이야기를 농담으로 여겼던 사위들은 소돔사람들과 함께 멸망하고 말았다.

종말 18: 기회를 놓치는 어리석음

천국에 들어갈 수 있는 기회는 인간이 호흡하고 있는 동안에 주어진다. 예수님의 비유에서 지옥에서 고통 받고 있던 부자는 아브라함에게 나사로를 세상에 보내어 자신의 친척들에게 복음을 전하여 자신이 있는 지옥에 오지 않도록 해달라고 간청했지만 거절당했다. 이 땅에는 복음을 전해주는 자들이 있기 때문이다. 이들이 전하는 복음을 듣지 않는 자는 죽은 자가 다시 살아나서 복음을 전하더라도 여전히 믿지 않을 것이기 때문이다.

천국에 들어가는 문제는 기회가 있을 때 결단해야 한다. 우유부단한 태도를 취하거나 우물쭈물하다가는 영원히 후회한다. 여러 번 기회가 더 있을 것이라고 생각하고 결단을 미루는 자는 어리석은 자다.

세상적인 기회와 구원의 기회를 바꾸는 자는 바보다. 에서는 우선의 배고픔을 해결하기 위해 팥죽 한 그릇에 장자의 명분을 판 어리석은 자였다. 구원의 기회를 거스르는 세상적인 기회를 과감히 거절할 수 있는 영적 분별력이 성도에게 필요하다.

종말 19: 넓은 길과 포스트모던 사회

세상의 가르침, 철학, 가치관, 그리고 풍조(風潮)를 따라 사는 것은 쉽고도 즐겁다. 세상물길을 따라 흘러내려 가는 것은 힘들지 않다. 그 물길에는 동료들이 많기 때문에 외롭지 않다. 불안하거나 갈등할 필요가 별로 없다. 현대를 포스트모던 사회라고 부른다. 절대적이며 객관적인 것을 배격하고 상대적이며 주관적인 것을 선호하는 것이 포스트모더니즘의 특징이다. 이 현대 사조가 오늘의 시대에 도도하게 흐르고 있다. 기독교 진리가 더 이상 절대적인 진리로 인정되지 않는 위험한 시대가 오늘 시대다. 이전에도 그랬듯이 현재도 기독교 진리는 세상으로부터 조롱과 모욕을 당하고 있다. 이 물길을 거스르는 것은 매우 힘들고 외롭다. 지치며 고통스럽다. 불안하고 혼란스럽다.

세상물길은 죄로 타락한 상태에 있는 물길이다. 죄로 타락한 것이 본성이며 자연적인 것이기 때문에 그 물길에 들어서면 그냥 '순리' 대로 떠내려가게 되어 있다. 사람들은 '자연적' (natural)인 것은 좋은 것이라고 착각한다. 성경은 모든 인간과 더 나아가 피조물조차 '본성상' (by nature) 타락했다고 선언한다: "유대인이나 헬라인이나 다 죄 아래에 있다고 우리가 이미 선언하였느니라"(롬 3:9); "그 바라는 것은 피조물도 썩어짐의 종노릇 한 데서 해방되어 하나님의 자녀들의 영광의 자유에 이르는 것이니라"(롬 8:21). 따라서 자연스러운 것이라고 여겨 별 생각 없이 자연적인 조류에 몸과 생각을 맡기는 것은 기독교 진리의 길이 아니다. 생명 길이 아니다. 멸망 길이다.

기독교라는 틀 안에서도 성경적인 진리와 복음의 진리가 희석된 경우가 적지 않다. 예수 그리스도를 통해서만 구원을 얻는다는 구원 진리가 외골수적인 것이라고 생각하는 소외 '크리스천들' 도 있다. 하나님이 사랑의 하나님이시라는 점만 강조하여 지옥과 심판의 교리를 믿지 않는 자들도 있다. 예수 그리스도의 십자가가 굳이 필요하지 않은 '유사 복음'을 믿는 자들이 있다. 이것은 복음이 아니다. 이단적이며 적그리스도적이다. 무늬는 기독교적인데 실제는 반기독교적이다. 기독교를 산상보훈의 윤리적인 고상함과 종교생활 정도로 여기는 사람들은 예수 그리스도가 누구시며 왜 그가 오셔야 했는지를 모르는 자들이다. 종교인이지 기독교인은 아니다.

왜 세상물길을 거슬러가야 하는 지를 분명히 알면 고통을 감내할 수 있다. 고통 속에 기쁨과 위로와 소망이 있음을 경험한다. 오히려 세상물결에 몸을 맡기고 편하게 떠내려가는 사람들을 불쌍하게 여긴다. 안타깝게 여긴다. 그리고 한 사람에게라도 큰 소리로 "여보시오, 그렇게 떠내려가면 당신은 결국 영영 죽게 돼요! 비록 힘들지만 물결을 거슬러 올라가는 길만이 영원히 살 수 있는 길이에요!"라고 외치는 것이다.

종말 20: 멸망 길

참 목자이신 하나님의 품을 떠난 인간은 길을 잃고 위태로운 절벽이나 캄캄한 계곡에 들어선 양과 같다. 자칫 한 발 잘못 디디면 절벽 아래로 떨어져 죽을 수 있는 위험한 상황에 처한 양과 같다.

이 현실을 깨닫지 못하고 방황하는 양의 모습이 하나님을 떠난 인간의 모습이다. 아버지의 집을 떠난 탕자의 모습이다. 탕자는 아버지의 품을 떠나면 자기 마음대로 행할 수 있다고 생각했다. 자유와 행복이 있을 것이라고 여겼다. 그러나 그는 허랑방탕한 삶을 살았고 돼지 사료를 먹는 신세가 되고 말았다.

멸망 길은 세상적으로 볼 때는 밝은 길처럼 보인다. 롯이 보았던 요단 들판도 그런 길이었다. 그 길은 소돔과 고모라가 종착지인 길이었다. 이 길은 어두움의 길이며 멸망 길이다. 많은 사람들이 가는 넓은 길이다. 마음 놓고 따라가며 정욕적으로 즐기는 길이다. 실상은 파멸로 이끄는 멸망 길이다. 마귀가 환영하며 준비하고 있는 길이다.

종말 21: 목적지가 없는 현대인

하나님의 품을 떠난 모든 인간들은 삶의 진정한 소명의식, 사명의식, 목적의식 그리고 방향성을 상실한 자들이다. 따라서 이리저리 방황할 수밖에 없다. 동생 아벨을 죽인 가인은 자신의 삶을 유리하는 자로 표현했다: "주께서 오늘 이 지면에서 나를 쫓아내시온즉 내가 주의 낯을 뵈옵지 못하리니 내가 땅에서 피하며 유리하는 자가 될지라(I will be a restless wanderer on the earth)" (창 4:14). 가인처럼 살인죄를 짓지 않았더라도 죄를 범한 아담의 모든 후손들은 다 땅에서 유리하는 자들이다. 광야에서 불순종했던 20

세 이상의 이스라엘 백성들은 가나안 땅에 들어가지 못한 채 광야에서 모두 죽을 때까지 광야에서 유리방황하는 삶을 살아야 했다.

호화 여객선 여행 상품 중에 'Nowhere Cruise'라는 상품이 있다고 한다. 이 여객선 여행은 특정 목적지가 없이 그냥 바다 위에서 이리저리 다니면서 즐기다가 돌아오는 여행이 특징이다. 하나님을 떠난 현대인들의 모습이 이와 같다. 이 항해 여행은 현대인의 삶을 잘 상징한다. 이 항해는 출항지로 돌아오는 것으로 끝나지만 인생은 출항지로 되돌아올 수 없다.

종말 22: 예고 없는 종말

예수 그리스도를 구주로 영접하고 구원을 받아야 하는 이유 중에 하나는 인간은 내일을 보장받지 못한 존재라는 점에 있다. 모든 사람들은 언제 어떤 일이 일어날지 알 수 없는 삶을 살아간다. 2003년 12월 26일 새벽 5시경 이란의 케르만 시를 강타한 지진은 평화롭게 잠을 자고 있던 수만 명의 생명들을 순식간에 매몰시켰다. 그리고 수만 명이 부상을 당하는 참변을 가져왔다. 12초간의 지진은 전혀 예기치 않은 순간에 수만 명의 삶에 종말을 가져왔던 것이다. 이 지진은 결코 우연히 일어난 사건이 아니다. 우리의 정신을 차리게끔 하는 하나님의 자연 계시다. 노아의 홍수 사건과 소돔과 고모라의 멸망도 순식간에 찾아왔다. 예수님은 지구의 종말과 함께 예수님의 재림 또한 예기치 않게 순식간에 찾아올 것이라

고 경고하셨다: "그 날과 그 때는 아무도 모르나니 하늘의 천사들도 아들도 모르고 오직 아버지만 아시느니라 노아의 때와 같이 인자의 임함도 그러하리라"(마 24:36-37).

많은 경우에 개인적인 종말 또한 예기치 않게 찾아온다. 나는 미국 유학 중에 임상훈련과정을 거치면서 응급실에서 혹은 중환자실에서 갖가지 이유로 생명을 마감하는 많은 환자들을 볼 수 있었다. 특히 예측하지 못한 이유로 응급실에서 죽는 젊은 환자들을 보면서 인생의 한계성과 불확실성을 절실히 느끼며 깨달을 수 있었다.

종말 23: 거지 나사로 이야기

거지 나사로는 이 땅에서 살 때 어느 부자의 집 문간에서 기거하며 부자의 밥상에서 떨어지는 음식을 주워 먹으며 살았다. 당시에 밥상에서 떨어지는 것을 주워먹는 것은 개들의 몫이었다. 나사로는 개처럼 살았던 것이다. 또한 그는 헌데 투성이로 그 문간에 버려졌다. NIV 성경은 "covered with sores"라고 번역했다. 온 몸이 헌데로 뒤덮여서 가려운 상태로 살았던 것이다. 마치 온 몸에 종기가 뒤덮여서 기왓장으로 상처를 긁었던 욥과 같은 신체적 상태에서 살았던 것이다. 심지어 개들이 와서 헌데를 핥는 비참한 삶을 살았다.

반면 부자는 날마다 호의호식하며 잔치하면서 평생을 보냈다. 그러나 자기 집 대문 앞에 기거하는 나사로에 대하여 최소한의 공감과 사랑도 베풀지 않았다. 그가 나사로의 이름을 안 것을 보면 그의 상황에 대해서 알고 있었음을 짐작할 수 있다. 거지 나사로가 자기 집 문간에 거처하는 것을 쫓아내지 않은 것이 그의 최대한의 배려였는지 모른다. 아무튼 둘 다 죽었고 나사로는 아브라함의 품에 안겼다. 반면에 부자는 불꽃이 이는 음부에서 고통당하고 있었다(눅 16:19-31 참조).

부자가 죽었을 때 그 지역 유지들이 많이 문상하러 왔을 것이며 장례식도 거창하게 했을 것이다. 그리고 명당에 무덤을 멋있게 만들었을 것이다. 아무 소용이 없었다. 현실적으로 부자는 죽은 후에 지옥 불 속에서 영원히 죽지 않은 채 고통하고 있었다. 그러나 주변의 관심도 없이 어느 날 차디찬 시체가 되어 변변한 무덤조차 없이 사람들의 기억 속에 잊혀졌던 나사로는 하나님의 품에서 기뻐하고 있었다.

부자와 나사로의 이야기는 부자는 지옥에 간다는 이야기가 아니다. 거지가 천국에 간다는 이야기가 아니다. 종말이 있으며 심판이 있다는 이야기다. 하나님의 의로운 보상과 심판이 있다는 이야기다. 하나님과 연결되지 않았던 삶에는 영원한 지옥 심판이 있다는 경고의 이야기다.

종말 24: 하나님의 평가

사람들이 평가하는 성적표와 하나님이 평가하는 성적표는 일치

하지 않는 경우가 대부분이다. 왜냐하면 사람들은 외모나 가진 것, 성취한 것으로 평가하기 때문이다. 하나님은 사람의 중심을 보시며 그 마음에 하나님의 향한 믿음의 여부를 보시고 평가하신다. 바리새인들은 겉으로 볼 때에는 신앙적인 삶을 사는 것처럼 보였다. 예수님은 그들을 향해서 '회칠한 무덤' 이라고 평가하셨다: "화 있을진저 외식하는 서기관들과 바리새인들이여 회칠한 무덤 같으니 겉으로는 아름답게 보이나 그 안에는 죽은 사람의 뼈와 모든 더러운 것이 가득하도다 이와 같이 너희도 겉으로는 사람에게 옳게 보이되 안으로는 외식과 불법이 가득하도다"(마 23:27-28). 비교적 괜찮은 성적이 나왔을 것이라고 예상했는데 막상 죽음의 문턱에서 혹은 마지막 심판 날에 하나님이 낙제 점수를 주신다면 매우 당황하며 기가 막힐 것이다. 마지막 심판 자리에서 예수님께서 "내가 너희를 도무지 알지 못하니 불법을 행하는 자들아 내게서 떠나가라"(마 7:23)라고 꾸짖으신다면 두렵고도 슬플 것이다. "주여 주여 우리가 주의 이름으로 선지자 노릇하며 주의 이름으로 귀신을 쫓아내며 주의 이름으로 많은 권능을 행하지 아니하였나이까"(마 7:22)라고 반문해도 "나더러 주여 주여 하는 자마다 다 천국에 들어갈 것이 아니요 다만 하늘에 계신 내 아버지의 뜻대로 행하는 자라야 들어가리라"(마 7:21)는 말씀을 듣게 될 것이다.

종말 25: 재림주 예수 그리스도

예수 그리스도는 때가 되면 하늘로부터 재림하셔서 세계 만국을 심판하실 것이다. 그 때에 구속함을 받은 성도들을 하나님의 나라로 인도하실 것이다. 죽은 성도들도 다 부활해서 완전한 부활의 몸을 입고 영원히 천국에서 살 것이다. 예수님은 성도들의 흐르는 눈물을 닦아주시며 영원히 찬양과 경배를 받으실 것이다(계 21:4 참조). 십자가의 보혈을 믿음으로 의지했던 속죄 받은 성도들에게 흰옷을 입혀주실 것이다. 그리고 "착하고 충성된 종"이라고 칭찬하실 것이다.

제 II 부

Meditations

소외 1: 소외와 유기

아담과 하와의 범죄이후 모든 인간들은 수직적으로 하나님과 분리되었다. 의로우신 하나님께 죄인의 모습으로 나아갈 수 없게 되었다. 수평적으로 인간 사이에서 거리감, 소외감, 유기감, 고독감을 느끼며 살게 되었다.

죄는 인간을 소외와 유기와 씨름하는 존재로 타락시켰다. 목회상담사 바비 커닝햄은 목회상담을 소외와 유기라는 두 레슬러 상대와 싸우는 내담자와 함께 태그 매치 하는 레슬링의 과정에 비유한 적이 있다. 죄, 소외, 그리고 유기는 목회상담사가 내담자와 함께 씨름하며 극복해가야 하는 중요한 이슈들이다.

소외라는 의미를 가진 영어 단어 alienation은 alien(외계인, 이방인, 외국인)과 같은 어근을 갖고 있다. 죄로 인한 부정적 의미의 소외가 있다. 반면 믿음 때문에 세상에서 경험할 수밖에 없는 적극적 의미의 소외가 있다. 죄로 인한 소외는 하나님과 인간, 인간과 인간, 인간과 환경 사이에 거리감과 단절을 가져왔다. 극단적으로 소외되면 인간은 자폐적이며 분열성 성격장애적인 삶을 살 수 밖에 없다. 섬처럼 고립된 삶을 사는 것이다. 그러나 적극적 의미의 소외는 이 땅에서 성도들이 자발적으로 택하는 삶의 양식이다. 이 땅에서 성도들은 '외국인'(alien)으로 살아야 한다. 성도는 이 땅에 귀화하면 안 된다. 성도의 본국은 하나님의 나라다.

소외 2: 성도는 외국인

적극적 의미의 소외는 성도가 이 땅에서 발을 딛고 살지만 이 땅에 속한 자로 살지 않을 때 겪는 삶의 양식이다. 성도는 이 땅에서 나그네, 순례자 또는 외국인이라는 정체성을 갖고 살아가는 자이다. 베드로는 성도를 가리켜 '나그네'(strangers)라고 불렀다(벧전 1:1).

성도는 이 세상에서 어느 정도 소외를 경험해야 하나님의 나라의 백성임을 확인할 수 있다. 세상 속에서 소외감을 전혀 느끼지 못하는 사람은 성도가 아니다. 세상에 동화(assimilation)된 나머지 세상 나라에 귀화한 자다.

소외 3: 윌슨 이야기 1

소외의 아픔은 톰 행크스가 주인공 역할을 맡은 영화 "캐스트

어웨이"에서 잘 묘사되었다. 화물 수송 비행기가 추락하는 바람에 모든 승무원이 죽고 주인공만 살아남아 무인도에서 생활해야 했을 때 그는 세상으로부터 버려진 존재이며 잊혀진 존재였다. 고독감 속에 나날을 보내던 어느 날 주인공은 파도에 밀려온 화물들 중에서 배구공 하나를 발견한다. 그리고 그 배구공에 눈, 코, 입을 그리고 '윌슨'이라는 이름까지 붙인다. 그 날부터 윌슨은 그의 친구가 된다. 그는 하고 싶은 말이 있으면 마치 윌슨이 친구인 것처럼 이야기를 하곤 했다. 마침내 주인공은 뗏목을 만들어 윌슨과 함께 탈출을 시도한다. 그러나 거센 파도로 인해 탈출은 수포로 돌아가고 만다. 그때 파도에 휩쓸린 윌슨을 잃는다. 자신의 눈앞에서 점점 멀어져 가는 윌슨을 보면서 주인공은 윌슨을 구조할 수 없는 자신의 무력함과 윌슨을 잃어버린 상실감으로 통곡한다. 남들이 볼 때에는 배구공에 지나지 않았지만 그에게는 무인도에서 자신에게 용기와 희망을 주었던 유일한 친구였다. 그래서 그토록 통곡한 것이다.

소외 4: 윌슨 이야기 2

자기심리학의 용어를 빌리자면 윌슨은 주인공의 '자기-대상'이었다. 윌슨은 주인공과 동일시되는 의미 있는 대상이었다. 그러나 어떤 의미에서 윌슨은 주인공의 '잠정적 대상'(transitional object)이었다. 윌슨은 주인공이 무인도의 생활에서 느끼는 소외감과 외로움을 견딜 수 있도록 도움을 주는 의미 있는 대상이었다. 그러나 자신의 임무를 다하고 사라져야 하는 잠정적 대상이었다. 주인공은 월슨이 계속 자신과 함께 있는 한 그 무인도를 탈출하려는 노력을 계속 감행하지 못했을 수도 있다. 월슨이 소외감의 고통을 어느 정도 경감시켜주기 때문이다. 월슨을 상실한 아픔은 주인공으로 하여금 다시금 필사적으로 탈출을 시도하게끔 하는 원동력이 되었다고 볼 수 있다. 그런 점에서 월슨은 떠나주어야 하는 대상이었다.

신학적으로 본다면 하나님의 나라로부터 소외되고 유기된 사람들은 수많은 월슨들에게 애착하며 산다. 마치 그 월슨들이 자신의 진정한 친구이자 신인 것처럼 의존한다. 그런 점에서 그 월슨들은 중독적이다. 월슨들을 잃어야 하나님을 만날 가능성이 높다.

소외 5: 상실과 은총

죄로 인하여 에덴동산에서 쫓겨난 인간은 마치 가족들로부터 잊혀진 채 무인도에서 살아가던 영화의 주인공처럼 세상 속에서 점점 적응하면서 무인도 생활에 익숙해졌다. 마음 깊은 곳에서는 잃어버린 낙원과 하나님에 대한 기억과 갈망이 있지만 거의 무의식화된 채 살아간다. 하나님으로부터의 분리됨으로부터 오는 소외감과 유기감이 가져다주는 아픔과 고통을 경감시켜주는 잠정적 대상들에게 관심을 쏟는다. 그것들과 자신을 동일시하며 나름대로 안정감과 만족감, 행복감을 누리며 산다.

그 잠정적 대상들을 상실하게 될 때 겪는 고통과 아픔의 과정은 영원한 대상인 천국과 하나님을 갈구하게끔 하는 기회가 될 수 있다. 큰 상실은 분명히 위기다. 위험하지만 기회다. 이런 의미에서 세상에서 잠정적 대상들을 잃는 것은 영원한 것을 얻게 하시는 하나님의 섭리이자 은총이다. 윌슨들은 적절한 때에 사라져주어야 한다. 역으로, 영원한 대상을 발견하게 되면 잠정적인 윌슨들을 기꺼이 '떠나보낼 수 있는'(letting go) 마음이 생긴다.

소외 6: 감정적 단절

역기능 가정의 증상들 중의 하나는 일부 혹은 전체 가족 구성원 사이에 존재하는 '감정적 단절'이다. "가까이 하기에는 너무 먼 당신"이 되어버려 서로 상처를 더 이상 받지 않기 위해서 서로를 향한 감정적인 줄을 끊어버린 채 지나는 증상이다. 그래서 거의 감정적인 교류가 일어나지 않는다. 심지어 몇 년이 지나도 전화연락 한번 하지 않고 지내기까지 한다.

가족들과 감정적 단절 상태에 있는 사람들은 가족이나 친척을 만나야 할 상황이 되면 스트레스를 받는다. 특히 명절이 다가오면 스트레스를 많이 받는다. 서로 만나서 즐거운 '좋은 대상'이 아니기 때문이다. 부담스러운 '나쁜 대상'과 시간을 보내야 하기 때문이다.

감정적 단절 상태에서 사는 가족 구성원들을 회복시키는 상담 접근은 서로에 대하여 등 돌렸던 삶에서 다시 얼굴을 마주 대하게 하는데서 시작될 수 있다. 수평적인 용서와 화해가 경험될 수 있다. 마주 보고 서로 한발씩 앞으로 가게 되면 서로의 심리적 거리는 두발 가까워진 것이다.

불안 1: 불안에 대한 신경증적 반응

시험, 유혹, 시련, 혹은 환난을 겪으면 인간의 자동적인 방어기제는 근심, 걱정, 불안, 초조, 두려움, 분노, 회피, 또는 억압으로 나타난다. 근심이 마음의 일부분을 차지할 때에는 그나마 견딜 수 있다. 잠시 잊거나 무시할 수 있다. 그러나 근심이 마음을 온통 에 워싸거나 차지해버릴 때는 견디기가 매우 힘들다. 심리적으로 미성숙한 사람들은 근심을 술을 마시거나, 오락을 하거나, 텔레비전을 시청하거나, 잠을 많이 잠으로써 일시적으로 해결하려고 한다. 그러나 이 방법들은 결코 근심을 근본적으로 해결하지 못한다. 근심과 불안으로부터 잠시는 회피할 수 있다. 그러나 이와 같은 방어기제를 자주 사용하면 진정한 변화와 성숙은 불가능하다.

불안 2: 불안을 극복하는 신앙적 방안

미래에 대한 불안으로서 나타나는 근심에 대해서 예수님은 "너희는 마음에 근심하지 말라 하나님을 믿으니 또 나를 믿으라"(요 14:1)라고 믿음과 연결지어 말씀하셨다. 산상보훈에서 "목숨을 위하여 무엇을 먹을까 무엇을 마실까 몸을 위하여 무엇을 입을까 염려하지 말라"(마 6:25)고 말씀하셨다. "이는 다 이방인들이 구하는 것"(마 6:32)이라고 진단하셨다. 믿는 자에게는 "너희 하늘 아버지께서 이 모든 것이 너희에게 있어야 할 줄을 아시느니라"(마 6:32)는 예수님의 약속의 말씀이 있다. 예수님은 실존적인 불안으로 씨름하는 우리에게 "하물며 너희일까보냐 믿음이 작은 자들아"(마 6:30)라고 도전하신다. "내일 일을 위하여 염려하지 말라"(마 6:34)는 말씀에 아멘으로 응답하는 것이 우리의 몫이다.

미래가 불확실하며 불투명할 때 안정감을 추구하려는 심리적 기제는 우리에게 자꾸 근심하라고 부추긴다. 근심이라도 안 하면 더 불안하다고 속삭인다. 근심이라도 하고 있으면 우리의 삶을 그나마 통제하고 있다는 착각이 들게 한다.

미래에 대한 불안을 극복하는 길은 눈에 보이지 않지만 신실하신 하나님과 생명의 말씀에 우리의 시선을 고정하는데 있다. 그리고 과거에도 신실하게 동행하며 인도해주셨던 하나님에 대한 기억을 되새기며 믿음을 유지하는데 있다. 개인적으로 과거에 경험했던 내러티브와 현재 경험하고 있는 불안과 근심의 내러티브를 잘 연결지으면 소망의 미래 내러티브를 쓸 수 있다. 또한 성경 내러티브들을 자신의 상황에 잘 연결지으면 어떤 불안한 상황 속에서도 두려움에 빠지거나 회피하지 않고 불안을 직면해서 극복해 갈 수 있다.

불안 3: 건강염려증

우리의 삶은 하루하루가 불확실한 것으로 점철되어 있다. 일일이 다 걱정하고 근심하자면 그 목록은 끝이 없다. 예를 들어, 자녀가 등교 길에 교통사고를 당하거나 불량 청소년에게 폭력을 당할 수 있지만 부모는 자녀를 학교로 보내야 한다. 부부간에도 마찬가지이다. 배우자가 출근하는 길에 교통사고를 당할 수 있다. 아침에는 "잘 다녀올게," "잘 다녀와요"라고 손을 흔들며 헤어졌지만 그것이 영영 마지막 작별 인사가 될 수 있는 세상에 우리 모두는 살고 있다.

건강도 자신할 수 없다. 언제 어떤 치명적인 병이 찾아올지 알 수 없다. 정신의학적으로 '건강 염려증'이라는 병이 있다. 이 병을 가진 사람은 진찰하고 검사해보면 아무런 이상이 없는데도 자신의 몸에 이상이 있다고 느낀다. 심지어 통증을 느낀다. 이상이 없다는 진단을 내려도 불안해서 이 의사 저 의사를 찾아다니며 검진을 받는다. 이런 사람은 삶에서 건강과 병에 지나치게 초점을 맞춘 나머지 두려움과 씨름하며 산다. 그러면 정작 삶의 중요한 부분에

신경과 관심을 제대로 쓸 수 없게 된다. 이런 증상이 심한 경우에는 심리치료가 필요하다. 건강염려증을 가진 사람들을 보면 전반적으로 자기중심적이며 심리적으로 미성숙하다. 이 부분에서 성장이 일어나지 않으면 건강에 지나치게 신경을 쓰는 삶을 살게 된다. 신앙적으로 보면 이런 사람은 죽음에 대한 두려움이 심하며 부활 신앙이 약하다.

불안 4: 통제욕구

이 세상에 사는 사람들은 누구나 삶에서 통제욕구를 갖고 있다. 통제력을 잃으면 불안하기 때문이다. 대부분의 사람들은 무슨 수를 써서라도 불안을 회피하려는 강한 경향을 갖고 있다. 불안을 회피하는 기제들은 여러 가지가 있는데 그 중의 하나가 통제이다. 그러나 통제의 기제를 지나치게 강하게 사용하거나 자주 사용하면 삶이 힘들어진다. 예를 들면, 분노를 지나치게 억압함으로써 다른 감정들까지 표현하는 것이 어려운 경우이다. 완벽주의도 지나친 통제욕구에서 비롯된다. 자신 혹은 타인의 조그만 실수라도 용납하지 못하기 때문에 자신이나 타인을 지나치게 통제한다. 그렇게 되면 대인관계에서 원만할 수 없다.

불안 5: 성인아이와 통제욕구 1

성장기의 아이들은 통제력을 많이 행사할 수 없다. 원하지 않더라도 부모의 말에 따라야 할 때가 많다. 그리고 주변 환경의 영향을 받을 수밖에 없다.

역기능가정에서 성장한 자녀들은 불안에 취약하다. 불안을 통제하려는 욕구가 강하거나 불안을 제대로 통제하지 못하는 극단적인 특성을 갖게 될 가능성이 높다. 통제욕구가 강한 성인아이들은 불안한 환경에서 나름대로 심리적인 안정을 유지하기 위하여 자신을 통제하는데 도움이 되었던 방법들을 계속 사용할 가능성이 높다. 어릴 때는 도움이 되지만 성인이 되어서는 자신과 타인에게 어려움을 야기하게 된다. 그래서 대인관계에 문제가 생기게 된다.

불안 6: 성인아이와 통제욕구 2

어느 정도의 통제력은 삶에서 도움을 준다. 그러나 지나친 통제력을 행사하거나 통제력을 거의 행사하지 않으면 개인적인 삶과 가족관계, 그리고 사회생활에서 어려움을 겪는다.

역기능적인 부모들 중에는 삶에서 자신들의 심리적 안정성을 유지하기 위하여 자녀들을 지나치게 통제하는 이들이 많다. 반대로 자녀들을 빙임형으로 키우는 이들이 있다. 전자의 경우에는 부모가 사사건건 간섭하고 통제한다. 그러면 자녀들은 의존적이거나 반항적이 될 수 있다. 권위에 대해 수동적이며 공격적인 자녀가 될 수 있다. 강박적이 될 수 있다. 보통 이런 자녀의 마음에는 억압된 분노가 자리잡는다. 강박적인 성격을 가진 자녀들은 자라면서 경제적으로 너무 힘들게 산 경험 때문에 어른이 되어 지나치게 돈에 집착하며 검소하게 산다. 돈에서 안전감을 찾는다. 반대로 방임적인 환경에서 성장한 자녀가 성인이 되었을 때는 초자아 발달이 안 되어 있거나 적절한 통제력을 발달되지 못할 가능성이 있다. 매사에 균형이 중요한 이유가 여기에 있다.

불안 8: 하나님의 주권

우리의 삶은 우리가 다 통제할 수 없다. 불안과 위기, 고통은 예기치 않게 찾아온다. 때로는 우리의 통제력을 무력화시킨다.

완벽하지 못한 이 세상 속에서 살아갈 때 삶의 통제권을 예수 그리스도에게 온전히 맡기고 살 때에만 역설적으로 참된 평안과 기쁨을 맛볼 수 있다. 참새 한 마리도 하나님의 주권에서 벗어나서 땅에 떨어지지 않는다(마 10:29 참조). "너희에게는 머리털까지 다 세신 바 되었나니 두려워하지 말라 너희는 많은 참새보다 귀하니라"(마 10:30-31)고 직접 말씀해주신 예수님의 말씀을 믿을 때 불안을 극복할 수 있다. 바울은 하나님의 주권을 다음과 같이 노래했다: "이는 만물이 주에게서 나오고 주로 말미암고 주에게로 돌아감이라 그에게 영광이 세세에 있을지어다 아멘"(롬 11:36). 만물 안에 우리 각자가 다 포함된다. 우리의 삶은 주로부터 왔다. 주를 통하여 지탱된다. 주에게로 돌아갈 것이다. 우리가 주인이 아니다.

중독 1: 유혹 1

성도가 지금뿐 아니라 영원토록 거할 처소와 기업은 하나님의 품이다. 하나님의 나라다. 가나안의 높은 성들과 철병거, 말, 그들의 호화로운 문화생활과 성적 방종에 미혹되었던 이스라엘 백성들의 과오를 반복하면 안 된다. 눈에 보이는 아름다운 것, 마음에 드는 것이 성도에게 진정한 평화와 안식을 결코 줄 수 없다. 세상적인 것들은 잠정적인 쾌락을 약속하지만 실상은 파멸로 이끈다.

유혹에 빠지면 중독의 과정을 밟는다. 마침내 성도들조차 하나님을 섬기고 싶어도 의지력이 제대로 작동하지 못하게 된다. 경건의 모양은 갖추고 있어도 경건의 능력을 잃는다(딤후 3:5 참조). 들릴라의 품을 떨치지 못했던 사사 삼손은 점점 분별력과 통제력을 잃었다. 마침내 나실인의 영광인 머리털이 밀리고 두 눈이 뽑혀 포로가 되는 비참한 신세가 되었다. 우리는 삼손의 경우를 경고의 본으로 삼아야 한다.

중독 2: 유혹 2

유혹은 보통 일회적으로 그치지 않고 계속적으로 일어난다. 중독 상태에 들어가면 의지력이 잘 작동되지 않는다. 유혹적인 상황에 중독되면 잠시 저항하며 갈등하지만 곧 그 미혹적인 상황이나 대상에게 굴복하고 만다.

중독자 자신의 무력함을 전적으로 인정하고 하나님께 완전히 삶을 헌신할 때 중독으로부터 자유할 수 있다. 예수 그리스도를 마음에 주인으로 모시며, 성령의 내재하심과 충만하심을 경험할 때 중독으로부터 자유할 수 있다. 중독과 죄는 밀접한 관계가 있다. 중독은 죄다. 십자가의 능력은 죄의 능력을 능히 무너뜨린다.

술이나 담배를 끊으면 교회에 나가겠다고 말하는 사람들이 있다. 이렇게 말하는 것은 중독성을 제대로 이해하지 못하기 때문이다. 죄의 파괴적인 능력을 모르기 때문이다. 예수 그리스도의 십자가의 능력을 모르기 때문이다. 하나님께 돌아오면 우상화되었던 중독은 힘을 잃게 된다. 하나님 안에서 진정한 기쁨과 평안을 경험하기 때문이다. 더 이상 구정물을 마시고 싶지 않게 된다. 심지어 중독 대상에 대해 혐오스럽게 여기게 될 수 있다.

중독 3: 중독으로부터의 자유

하나님의 말씀과 성령은 헛된 것을 헛된 것으로 볼 수 있는 영적인 눈을 열어주는 능력이 있다. 헛된 것임을 보는 눈이 열리면

잡으라고 해도 놓을 것이다. 헛된 것을 포기하지 못하고 집착하는 것은 눈이 열리지 않았기 때문이다. 인지가 왜곡되었기 때문이다.

세상 사람들은 헛된 것을 소중한 것으로 여기고 추구한다. 그러나 성령 하나님은 성도의 마음눈을 밝히셔서 그 대열에서 과감하게 이탈할 수 있는 용기와 믿음을 주신다. 헛된 것인 줄 알면서도 각종 중독에 매여 끌려 다니는 신앙인들이 적지 않다. 중독에 빠질 수 있는 요소들이 도처에 널려 있다는 점에서 오늘날의 성도들은 그 어느 시대의 성도들보다 죄의 유혹에 빠지기가 쉽다.

중독에 매여 있는 한 성도는 진정한 자유를 누릴 수 없다. 십자가의 고난을 통해 성도들에게 주신 값비싼 자유를 마귀에게 쉽게 빼앗기고 죄의 종노릇하는 삶으로 되돌아가는 것은 안타까운 일이다. 예수님은 "진리를 알지니 진리가 너희를 자유케 하리라"(요 8:32)고 말씀하셨다. 중독자는 스스로 자유할 수 없다. 진리되신 예수 그리스도와 함께 날마다 죽는 과정을 살 때 진정으로 자유해진다.

중독 4: 롯의 아내 이야기

불로 멸망하는 소돔에 남겨둔 집과 재산에 대한 애착과 미련 때문에 롯의 아내는 천사가 금지한 명령을 어기고 뒤를 돌아보았다. 그녀는 즉시 소금 기둥으로 변했다. 그동안 일구었던 모든 재산과 집과 가재도구를 다 포기하고 빈손으로 나오기에는 아쉬움이 매우 컸을 것이다. 롯의 아내 이야기는 하나님의 말씀에 순종하는 길만이 생명의 길임을 알려준다. 빈손이지만 과감히 박차고 나오는 길만이 살 길이다. "손에 쟁기를 잡고 뒤로 돌아보는 자는 하나님의 나라에 합당하지 아니하니라"(눅 9:62)는 예수님의 경고를 명심해야 한다.

중독 5: 신기루

사막에서 오아시스를 찾는 사람처럼 많은 현대인들은 사랑을 갈구한다. 더 나아가 그들의 삶의 문제를 해결해줄 진정한 사랑의 대상을 찾고 있다. 하지만 그들의 핵심 문제를 해결해주실 수 있는 분이 하나님이라는 사실을 모른다. 그래서 돈, 성, 명예, 좋은 차, 좋은 집을 추구한다. 그것들은 신기루와 같다. 가까이 가면 어느새 저 멀리 가서 다시금 오라고 유혹하는 허상이다. 여러 번 시도하다가 결국 허상임을 깨닫고 지칠 때쯤 되면 인생은 이미 종착역에 가까워져 있는 것을 알게 된다. 이런 사람들은 죽음을 당당하게 맞지 못한다. 회한과 두려움, 그리고 불안으로 맞이한다. 밑바닥이 구멍 난 항아리처럼 아무리 채우려고 해도 곧 비어버리는 중독적인 삶을 많은 현대인들은 포기하지 못한 채 살고 있다. 예레미야는 우상숭배에 빠진 유다 백성들의 핵심 문제가 중독적인 삶에 있었음을 잘 지적했다: "내 백성이 두 가지 악을 행하였나니 곧 그들이 생수의 근원되는 나를 버린 것과 스스로 웅덩이를 판 것인데 그

것은 그 물을 가두지 못할 터진 웅덩이들이니라"(렘 2:13).

중독 6: 일중독

일에 대한 양 극단적인 삶은 나태와 일중독으로 나뉜다. 일중독 (workaholism)이란 단어는 남침례교신학교에서 목회상담학 교수를 역임하고 루이빌대학교 의대 교수로서 은퇴한 후 1999년에 하나님 의 품으로 간 웨인 오우츠(Wayne Oates)가 만든 것이다. 그 자신이 일 중독자임을 자각한 후에 『어느 일 중독자의 고백』(Confessions of a Workholic)이라는 책을 쓰기도 했다. 일중독은 일을 통한 성취로 정체성과 자존감을 확인하려는 중독이다. 일중독자는 사 람들과의 관계보다는 일에 더 관심을 갖는다. 따라서 가족들과도 친밀감을 잘 경험하지 못한다. 일을 삶의 최우선순위에 둔다. 타 인들과의 관계에서 일 중심적이며 업무 중심적으로 대한다. 일중 독자는 휴식할 때 오히려 불안과 초조를 경험한다. 일에 복귀하면 생기를 느낀다.

중독 7: 일중독과 아드레날린

풀러신학교 심리학대학원의 학장을 역임한 아키볼드 하트 (Archibald Hart)는 아드레날린으로 총칭되는 호르몬과 스트레스 의 직접적인 상관관계를 설명하는 책 Stress and Adrenalin을 썼다. 그는 이 책에서 일중독자가 휴식할 때 안절부절못하고 불안해하는 이유를 아드레날린의 분비와 연결시켜 잘 설명했다. 일을 하려면 어느 정도의 아드레날린이 분비되어야 한다. 업무시간이 길어지거나 짧은 시간에 효과를 내려면 몸은 평소보다 더 많은 양의 아드레날린을 분비한다. 더 분비된 이 호르몬의 도움을 통해 평소보다 더 일을 해도 피곤을 별로 느끼지 않을 수 있다. 그러나 이런 삶이 계속 되면 뇌세포 사이에서 발생하는 신경전달물질 전달 과정이 점점 새로운 평형성을 유지하게 된다. 이렇게 되면 쉴 때에도 아드레날린은 불필요하게 분비된다. 불필요한 아드레날린 때문에 일을 하지 않으면 오히려 불안해진다. 결국 불안을 느끼지 않기 위해서 일을 해야 하는 악순환에 빠지는 것이다. 하트는 일중독을 이와 같은 생화학적 과정으로 설득력 있게 설명하였다.

중독 8: 일중독과 탐욕

일중독의 치료 과정은 알코올중독 치료 과정처럼 어렵다. 일중독은 알코올중독과는 달리 사회적으로는 칭찬과 인정을 받는다는 점에서 치료가 더 힘들다. 자신 뿐 아니라 가족조차 그 심각성을 인식하고 인정하기가 어렵기 때문이다. 일중독자가 변화하기 위해서는 자신이 일중독자임을 인정하는 단계를 반드시 거쳐야 한다.

일중독의 가장 큰 피해자는 가족들과 중독자 자신이다. 기본적인 수면시간을 줄여가면서 일하는 것은 '탐욕'이란 치명적인 죄를 범하는 것이라는 인식을 가져야 한다. 일중독자는 하나님이 자기에게 주신 가정과 자신의 몸과 영혼을 잘 돌보지 못함으로써 신체적으로나 영적으로 심각한 병을 자초할 위험성이 높다: "욕심이 잉태한즉 죄를 낳고 죄가 장성한즉 사망을 낳느니라"(약 1:15).

중독 9: 잠정적인 해갈

진정한 마음의 평화와 안식은 창조주 하나님의 품으로 돌아갈 때만 누릴 수 있다. 영원히 목마르지 않는 생수를 주시는 예수 그리스도를 영접하고 동행하기 전에는 인간은 진정한 평강을 누릴 수 없다. 잠시 목을 축여주는 우물물과 같은 것에서 평안과 기쁨을 맛보려고 애쓰는 것은 어리석다. 마약중독자들은 마약이 가져다주는 행복감과 평안함은 매우 잠깐이며 그 후에는 더 큰 고통과 공허감이 밀려온다는 것을 잘 안다. 그럼에도 불구하고 잠시의 행복감을 맛보기 위해, 잠시 고통을 잊기 위해 마약을 다시 사용한다. 신체와 정신을 점점 망가뜨리는 자기파괴적인 행동을 어리석게도 하는 것이다. 더 나아가 범법자가 되어 감옥에 갇히는 신세로 전락한다.

영적으로도 마찬가지다. 마귀는 항상 죄를 지을 때 잠정적인 즐거움과 쾌락을 느끼게 한다. 점점 죄의 굴레에 빠지게 한다. 나중에 스스로 지옥으로 떨어지는 자기파괴적인 삶을 살게끔 한다. 일단 포로로 만들면 잘 놓아주지 않는다.

중독 10: 중독과 탕자의 비유

예수님의 비유에 등장하는 탕자는 아버지의 그늘 아래 있는 것은 진정한 자유가 아니라고 생각했다. 그는 살아계신 아버지에게 유산을 분할해달라는 무례한 요구를 했다. 아버지는 아들의 요구대로 유산을 주었다. 탕자는 유산을 받아 아버지 집을 떠났다. 처음에는 무척 자유롭게 느꼈을 것이다. 아버지의 간섭 없이 살 수 있고 자기 마음대로 사는 것이 너무 재미있었을 것이다. 허랑방탕한 생활을 했다. 돈 때문에 주위에 모여든 친구들이 진정으로 자신을 인정해주고 좋아하는 줄로 착각하고 살았을 것이다. 아버지의 아들이라는 진정한 자기 인식을 잃어버렸다. 아니 그는 처음부터 참된 자기 인식이 없었다. 있었다면 아버지의 집을 떠나지 않았을 것이다. 마침내 가졌던 돈을 다 탕진했고 더 이상 그의 욕구를 채워줄 수 있는 수단이 없었다. 친구들은 다 떠나갔고 더 이상 아는 척 하지 않았다. 그는 먹을 것이 없어 당시 문화에서 부정한 짐승으로 취급되었던 돼지를 치면서 돼지가 먹는 열매로 허기를 채워야 하는 비참한 신세가 되고 말았다.

무력감과 절망감, 그리고 혼동의 나날을 보내던 어느 날 탕자는 마침내 제 정신이 들었다. 중독자들이 치료의 과정에서 경험하는 것처럼 인생의 밑바닥을 치는 경험을 한 것이다. 자신의 힘으로는 이렇게도 저렇게도 할 수 없는 교착 상태에 직면하면서 그는 비로소 자신의 참 모습을 발견하게 된 것이다. 자신이 과거에 어떤 존

한 크리스천 상담학자의 묵상

재였는지를 기억해낸 것이다. 정신이 든 것이다. 아버지 집에서 매여 있는 것처럼 느꼈던 것이 참된 자유와 기쁨임을 깨닫게 된 것이다. 그러나 그는 쉽게 아버지의 집으로 돌아가지 못했을 것이다. 하루에도 몇 번씩 "돌아가야지, 아니야 내가 어떻게 돌아갈 수 있어"라고 되뇌면서 자신의 내면의 소리와 싸워야 했을 것이다. 아니 집으로 돌아가는 길에도 그는 몇 번씩이나 뒤돌아서려고 했을 것임에 틀림없다. 중독자가 회복과정에서 자주 재발을 경험하는 것처럼 말이다. 중독에서 자유해지는 것은 일순간의 결단으로는 거의 불가능하기 때문이다.

탕자가 아버지 집으로 돌아갈 수 있게 했던 힘은 과거에 아버지가 그에게 경험시켜준 '대상관계' 경험이었을 것이다. 아버지가 좋은 대상이며 자신을 받아주실 수 있는 능력이 있는 분이라는 것을 알았기 때문이다. 부모가 '대상 항상성'을 가진 성숙한 분이며 용서할 수 있는 분이라는 것을 믿을 때 가출한 자녀가 집으로 돌아갈 수 있는 용기를 낼 수 있는 것과 마찬가지다.

중독 11: 중독과 재발

중독자들과 마찬가지로 광야 이스라엘 백성들은 난관에 부딪힐 때마다 애굽에서 누렸던 좋은 점들을 기억해내고 되돌아가려고 했다. 이스라엘 백성들은 애굽에서 종살이하면서 얼마나 고통스러운 경험들을 했는지를 기억하기보다 그때 나름대로 누릴 수 있었던 것을 기억했다. 불안에 대처하는 방식이 신경증적이었던 것이다. 어려운 길을 택하기보다 쉬운 길을 택하고 싶어했던 것이다. 미성숙한 그들의 실상이었다. 중독 대상이 주었던 잠정적인 통증의 경감이나 잠정적인 쾌락을 뇌에서 기억하고 있었기 때문이다. 미성숙한 중독자들은 불안을 회피하기 위해 이미 학습한 중독행동을 반복할 가능성이 높다. 그래서 치료율은 낮아지고 재발율은 높아지는 것이다.

중독 12: 중독과 비싼 수업료

룻기에 나오미라는 여성이 등장한다. 그녀는 흉년으로 인해 남편과 장성한 두 아들들과 함께 풍요의 땅 모압으로 이민을 떠났다. 모압은 하나님의 백성들에게는 금지된 땅이었다. 흉년을 피하기 위해 고향 베들레헴을 떠나 국경선을 넘었던 그녀는 모압 땅에서 남편과 두 아들들 모두를 잃은 기구한 여인이 되고 말았다. 그녀는 자신의 모든 가족들을 다 잃을 때까지 베들레헴으로 돌아오지 못했다.

더 이상 잃을 것이 없는 상태가 되어야만 자유를 얻을 수 있다. 소위 바닥을 치는 경험을 해야만 중독과 죄로부터 자유해질 수 있다. 의존하거나 애착하면 계속 '미련'이라는 기제가 작동된다. 빼앗기거나 내려놓지 않으면 중독자는 자유해질 수 없다. 눈을 잃거나 손을 잃거나 발을 잃음으로써 구원을 얻으며 천국 백성이 되는 역설적인 은총을 누릴 수 있는 경우처럼 말이다.

마침내 나오미는 '마라'(bitter)의 마음 상태로 베들레헴으로 귀향한다. 그녀의 '마라'의 경험은 김서택 목사님이 설교 중에서 자주 쓰는 표현인 '비싼 수업료'를 낸 경험이었다. 중독이나 죄의 과정에서 귀향하는 과정은 금의환향의 길이 아니다. 고통과 아픔, 수치와 죄책감, 무력감, 상실감에 휩싸여 귀환하는 과정이다. 남편과 두 아들들을 잃은 비싼 수업료를 내고 난 후에야 나오미는 '떡집' 베들레헴에 돌아올 결심을 할 수 있었다.

자존심을 다 버리고 '빈 손'으로 귀향한 나오미는 마침내 모압 여인 자부 룻과 보아스의 결혼을 통해 기업을 잇게 되며 손자를 품에 안는 기쁨을 누리는 삶을 살았다. 그 손자 오벳이 나중에 다윗 왕의 할아버지가 되는 놀라운 반전의 이야기가 나오미의 삶에 기다리고 있을 줄 누가 상상이라도 할 수 있었겠는가? 하나님은 참으로 놀라운 은총을 그녀에게 베푸셨다. 나오미의 이야기는 중독자의 삶에 힘을 실어줄 수 있는 성경 이야기다.

중독 13: 중독과 죄

중독으로부터의 치유, 죄로부터의 용서와 자유는 자신이 철저하게 빈털터리임을 인정하고 처음부터 다시 시작할 때 가능하다. 아울러 위로부터 하나님의 은총이 있을 때 가능하다. 특히 죄로부터의 구원은 자신이 철저하게 죄인이며 예수 그리스도의 십자가의 은혜가 아니면 절대로 스스로 구원에 이를 수 없음을 믿음으로 고백할 때 임한다. 여전히 자신의 인간적인 의로움과 괜찮음을 남겨두고 있는 사람은 십자가의 의미를 깨닫지 못한 사람이다.

구원에 있어서 인간의 전적 무능력함과 전적 타락성은 인간의 실존의 핵심을 관통하는 성경적인 관점이다. 인간적인 의가 있으면 하나님께 완전히 항복하고 돌아오기가 힘들다. 있는 모습 그대로, 영적 거지상태 그대로 돌아오는 것이 치료와 회복, 그리고 구원의 길이다. 그런 의미에서 가난한 자는 복 있는 자다. 더 이상 잃을 것이 없는 사람이기 때문이다.

중독 14: 우상숭배 1

중독은 하나님과의 관계 및 교제에서만 경험할 수 있는 기쁨을 저급한 쾌락 욕구와 바꾸는 우상숭배와 그 역동성이 같다. 잠깐의 배고픔을 이기지 못해 팥죽 한 그릇에 장자의 명분을 경홀히 여기고 팔았던 에서처럼 중독자는 어리석게도 소중한 것을 소중하지 않은 것과 쉽게 바꾼다.

중독 15: 우상숭배 2

성경은 영원히 경배 받으실 대상인 하나님을 잃어버린 인간들은 미혹되어 하나님의 영광을 썩어질 것으로 바꾸었다고 지적한다(롬 1:23, 25 참조). 하나님이 없는 현대인들은 보이는 우상들과 보이지 않는 우상들을 섬기며 산다. 하나님 대신에 인간 자신이 삶의 중심을 차지하는 것은 교만이며 하나님을 대적하는 것이다. 하나님은 교만한 인간을 온갖 세상적인 정욕에 방임하신다(롬 1:26 참조). 하나님의 방임은 심판이다.

하나님이 없는 사람들은 삶의 주관심사가 돈, 명예, 가족, 성, 스포츠, 일, 알코올 등에 고착되며 그 잠정적인 대상에 중독적으로 집착한다. 이 왜곡된 관심과 집착은 하나님이 없는 마음의 자리를 대신 채우려는 현상이다. 사람은 두 주인을 섬길 수 없다고 예수님은 말씀하셨다(마 6:24 참조). 우상들을 섬기면 진정한 기쁨과 평화를 누릴 수 없다. 우상은 잠시 갈증을 해소시켜주는 대신 더욱 목마르게 한다. 우상은 영원히 목마르지 않게 솟아나는 생수를 제공할 수 없다(요 4:13-14 참조).

중독 16: 우상숭배 3

하나님을 섬기지 않는 모든 사람들은 각자의 우상을 섬긴다. 종교라는 틀 속에서 우상숭배 하는 이들이 있다. 소위 무신론자라고 자처하는 자들조차 나름대로 우상숭배 하는 자들이다. 성경은 하나님 아닌 사람이나 소위 신이나 대상에 관심을 쏟고 관계하는 자들을 우상숭배자들이라고 선언한다. 심지어 "음행하는 자나 더러운 자나 탐하는 자 곧 우상숭배자"는 하나님의 나라에서 기업을 얻지 못할 것이라고 선언한다(엡 5:5). 인간의 모든 정욕과 탐욕을 우상숭배로 규정한 것이다. 구약에서 우상숭배는 하나님이 가장 혐오한 죄악이었다. 성도들의 마음이 하나님에게서 떠나 다른 것에게 빼앗기는 것을 제일 싫어하신다. 성도들의 마음도 정욕과 탐욕으로부터 자유롭지 않다는 점에서 각성해야 한다. 중독이 우상숭배가 될 수 있다는 점은 성도들에게 경각심을 준다. 중독은 단순히 '병'이 아니다. 중독은 영적으로 죽음에 이를 수 있는 병이다.

우상은 하나님이 없는 인간의 마음 중심에 자리를 차지한다. 생각과 관심과 에너지를 점점 소모시킨다. 중독도 마찬가지다. 아침에 눈 뜨자마자 술 생각이 난다면 술은 하나님이 차지해야 할 생각의 영역을 차지한 것이다.

중독 17: 우상숭배 4

성도의 삶에서 하나님보다 더 마음을 빼앗는 대상이 존재한다면 그것은 우상이다. 성도들도 인식하지 못하면 우상을 하나씩 둘씩 마음에 두며 섬기며 살 수 있다. 성령이 거하시는 전에 우상이 함께 들어와 기힐 수 있다는 것이다. 실제로 유다 왕국 말기에 예루살렘 성전에는 우상들이 들어와 있었고 우상숭배가 성전에서 행해졌다.

눈에 보이는 우상보다는 보이지 않는 우상이 더 벗어나기가 힘들며 치명적이다. 어떤 우상들이 우리의 마음에 들어와 있는지를 철저하게 점검하고 인식해야 한다. 의존했던 것들을 내려놓고 축

출해야 한다. 우상들로부터 우리의 마음이 자유해질 때 하나님을
온전히 사랑하며 섬길 수 있다.

중독 18: 우상숭배 5

미국 일리노이 피오리아에 있는 감리교 의료원에서 임상목회교
육 레지던트 과정을 이수하면서 만났던 한 환자가 기억난다. 그녀
는 60대 초반의 백인 여성으로 중환자실에 입원한 환자였다. 문제
는 어느 날 그녀가 늘 지니고 다니던 비닐로 방수 처리된 예수님
그림을 잃어버린 것이다. 환자복을 바꾸어 입으면서 깜박 잊고 그
그림사진을 꺼내지 않은 것이었다. 분실했다는 것을 알았을 때는
이미 환자복은 병원 세탁장에 실려 간 뒤였다. 그 환자는 그 그림
을 지니고 있어야 안심을 할 수 있는데 그 그림을 잃어버린 것이
다. 불안감을 느끼자 혈압이 급격하게 올라갔다. 그녀는 간호사에
게 그 그림을 안 찾아오면 자기는 죽는다고 야단법석을 부렸다. 간
호사는 다른 예수님 그림 하나를 구해서 갖다 주었는데 그것은 자
기가 갖고 그림이 아니어서 효과가 없다고 고집을 부렸다. 결국 새
그림을 갖는 것으로 타협을 해서 해프닝은 끝났다. 그녀는 그 예수
님 그림이 자신의 건강을 지켜주는 부적과 같은 역할을 하는 것이
라고 믿는 사람이었다. 이것은 미신이지 기독교 신앙이 아니다.
강박증적인 신앙이다.

이 환자와 같은 신앙을 가진 자들은 겉으로는 예수님을 믿는 사

람처럼 보일 수 있다. 그러나 그들은 금송아지를 만들어놓고 "이는 너희를 애굽 땅에서 인도하여 너희의 신이로다"(출 32:4)라고 말했던 아론과 그 앞에서 뛰놀았던 광야의 이스라엘 백성들과 별반 다름이 없는 자들이다. 레위 자손들은 이 우상숭배에 참여했던 자들 중에 삼천 명 정도를 칼로 죽였다. 모세는 하나님의 명령을 받아 레위 자손들에게 형제, 친구, 이웃을 가리지 말고 죽일 것을 명했다: "너희는 각각 허리에 칼을 차고 진 이 문에서 저 문까지 왕래하며 각 사람이 그 형제를, 각 사람이 자기의 친구를, 각 사람이 자기의 이웃을 죽이라 하셨느니라"(출 32:27). 우상숭배는 이토록 심각한 죄다.

중독 19: 소중한 것에 대한 자각

소중한 것은 보통 가장 가까이 있고 늘 있다. 따라서 평소에는 그것이 소중한 줄 모른다. 공기나 물이 없는 상황에 처했을 때에야 공기나 물의 소중함을 뼈저리게 경험한다. 늘 함께 하는 가족이 얼마나 소중한지 잘 모른다. 매일 주어지는 시간이 얼마나 소중한지 잘 인식하지 못한다. 마찬가지로 하나님과 동행하는 삶이 얼마나 큰 은총이며 복인지를 평소에는 잘 모른다. 하나님의 품을 떠난 후에야 깨닫는다. 하나님의 임재를 느끼지 못하는 광야 경험을 할 때에야 깨닫는다. 소중한 것을 잃어버린 후에야 깨닫는다. 탕자도 아버지의 집에 살 때에는 그 삶이 얼마나 큰 복이며 은총인지 깨달지 못했다. 평소에 소중한 것을 소중하게 여기는 지혜의 삶을 살아가자.

중독 20: 광야는 중독치료센터

광야는 전적으로 항복하게끔 하는 곳이다. 스스로의 힘으로는 통과하기 어려운 곳이다. 외롭고 춥고 배고픈 곳이다. 오로지 하나님만 바라보아야 살 수 있는 장소이며 기간이다.

광야는 죄와 중독으로부터 해독시키는 치료센터다. 철저하게 낮아지게 하며 깨지는 곳이다. 죽는 곳이다. 역설적으로 새롭게 사는 법을 배우는 곳이다. 용광로에서 제련하듯이 하나님이 성도를 연단하는 곳이다. 하나님만 온전히 바라보는 법을 가르치는 유격 훈련장이다.

광야는 소망이 있다. 왜냐하면 하나님의 구름기둥과 불기둥의 임재와 도우심을 체험할 수 있기 때문이다. 때가 되면 하나님은 광야에 샘이 솟게 하시며 대로를 여시기 때문이다(사 35장 참조).

중독 21: 말과 병거를 의지함

가나안 족속들과 전쟁할 때 하나님은 여호수아에게 말 뒷발의 힘줄을 끊고 그들의 병거를 불사를 것을 명하였다(수 11:6). 여호수아는 이 명령대로 행했다(수 11:9). 하나님이 이렇게 명령하신 것은 그들이 눈에 보이는 병거나 말을 의지하지 않도록 하기 위해서였다. 하나님만 신뢰하고 살도록 하며 전쟁의 승리는 여호와께 속한 것임을 알도록 하기 위함이었다. 말 뒷발의 힘줄을 끊는다는 것은 세상적인 힘을 의지하게끔 유혹하는 힘과 중독 대상을 끊는 것을 의미했다.

현대 생활 속에서 우리는 말 뒷발의 힘줄과도 같은 것들을 얼마나 의지하고 애착하고 있는지를 평소에는 잘 인식하지 못한다. 그러다가 의지하고 애착했던 것을 상실할 때에 겪는 금단 현상을 통해 하나님이 아닌 것들에 매우 많이 의존해왔음을 깨닫게 된다. 초조, 불안, 안절부절못함, 두려움이 대표적인 금단 증상들이다.

중독 22: 중독과 해독 과정

제랄드 매이는 뇌 세포들은 서로 항상성(homeostasis)을 유지하려는 특징이 있다는 뇌신경학의 연구결과에 근거해서 중독이라는 항상성 상태에서 정상이라는 새로운 항상성의 상태로 변화하려면 시간이 필요하다고 보았다. 즉 해독 기간이 필요하다는 것이다. 해독 과정에서 수반되는 금단 증상들을 두려워하지 않고 견뎌내면 중독으로부터 점점 자유롭게 될 수 있다.

하나님은 우상숭배에 절어 있었던 유다 백성들을 적국 바벨론에 포로로 잡혀가도록 하셔서 그들을 70년 동안 해독시키셨다. 우상숭배의 경험이 있던 백성들을 거의 모두 바벨론에서 죽게 하시고 바벨론에서 태어난 후손들을 본토로 돌아오게 하셨다. 놀랍게도 바벨론 포로기 이후에 유대인들은 우상을 숭배하는 죄를 다시 범하지 않았다.

중독 23: 중독 치유는 과정

중독으로부터의 치유되는 경험의 특징은 완전한 자유를 선포해 주지 않는다는데 있다. 말 그대로 '회복하고 있는'(recover-ing) 과정이다. 다시 미끄러지지 않으려면 각성해야 하는 과정이다. 넘어지더라도 다시 일어나면 되는 과정이다.

신학적으로는 하나님 나라의 특징인 '이미 그러나 아직 아니'의 역동성이 중독 치유 과정에 적용된다. 죄로부터 구속함을 받은 성도들도 죄와 마귀의 유혹으로부터 완전히 자유롭지 않다. 언제든지 죄를 다시 지을 수 있는 취약성과 위험성이 있다는 사실을 인식하고 살아야 한다. 방심은 금물이다.

중독 24: 현대인의 보편적 현상

현대인들은 다양한 모습으로 중독적인 삶을 살고 있다. 알코올 중독, 니코틴 중독, 약물 중독(수면제, 처방 약, 각종 마약, 부탄가스, 본드), 도박 중독(화투, 마작, 복권, 경마, 스포츠도박, 닭싸움, 개싸움, 소싸움, 슬롯머신), 성 중독(자위, 포르노그래피, 관음증, 지하철성추행, 폰섹스, 스와핑), 음식 중독(과식, 특정음식, 커피, 초콜릿, 설탕, 탄수화물), 운동중독, 일중독, 인터넷중독(스마트

폰중독), 관계중독(동반의존, 외도), 종교중독(이단, 광신) 등 다양한 중독현상과 씨름하면서 살고 있다. 정도의 차이가 있고 형태의 차이가 있지만 한 가지라도 중독에 해당되지 않는 사람이 많지 않다고 말할 정도로 중독은 현대인들에게 보편적인 현상이다.

중독 25: 중독으로부터의 자유

성경과 신앙은 우리에게 헛된 것을 헛된 것으로 볼 수 있는 영적인 눈을 열어준다. 헛된 것임을 제대로 보게 되면 붙들고 있으라고 해도 놓는다. 포기하지 못하고 집착하는 것은 아직 제대로 보지 못하며 사고가 왜곡되어 있기 때문이다. 비록 많은 사람들이 헛된 것을 소중한 것으로 여기고 추구한다고 할지라도 성령 하나님은 우리의 마음 눈을 밝히셔서 그 대열에서 과감하게 빠져 나올 수 있는 용기를 주신다. 헛된 것인 줄 알면서도 여전히 과거의 삶에 중독되어 그 줄을 과감하게 자르지 못하고 끌려 다니는 삶을 사는 신앙인들이 적지 않다. 붙들려 있는 한 우리는 진정한 자유를 누릴 수 없다. 예수님은 "진리를 알지니 진리가 너희를 자유케 하리라"(요 8:32)고 말씀하신다. 진리와 진실을 제대로 볼 수 있는 자만이 진정으로 자유를 갈망하고 자유를 소유할 수 있다.

위기 1: 반석 위에 세운 집 vs. 모래 위에 세운 집

소위 믿는 사람들 중에도 겉으로 보면 같은 집을 짓고 있는 것 같지만 속으로는 기초가 없는 집을 짓는 어리석은 사람들이 많이 있다. 중심을 보시는 하나님은 속임을 당하지 않으신다. 그런 집을 짓는 사람이 스스로 속는 것이다. 자신은 집을 잘 짓고 있다고 착각하고 살면 위기나 심판이 올 때 모래 위에 세운 집이라는 사실이 드러날 것이다.

심은 대로 거두는 것은 진리다. 성령으로 심는 자는 성령으로 영생에 이르는 열매를 얻는다. 반면 육체로 심는 자는 썩어질 것을 거둔다(갈 6:7-8). 말씀을 듣고 실천하는 사람은 성격적으로나, 대인 관계적으로나, 영적으로 견뎌낼 수 있는 성숙함이 있기 때문에 위기가 올 때에 견뎌낼 수 있다. '회복 탄력성'(resilience)이 있다: "대저 의인은 일곱 번 넘어질지라도 다시 일어나려니와 악인은 재앙으로 말미암아 엎드러지느니라"(잠 24:16).

위기 2: 순기능 가정 vs. 역기능 가정

인생을 살아가면서 비가 오고 바람에 부딪히는 경험은 지혜로운 건축자나 어리석은 건축자 모두에게 찾아올 수 있다. 문제는 폭풍이 찾아왔을 때 견뎌낼 수 있는 집을 지었느냐는 것이다. 폭풍 경험 전에는 반석 위에 지은 집이나 모래 위에 세운 집은 별 차이가 없어 보인다. 순기능 가정과 역기능 가정은 평소에 큰 차이가 없어 보인다. 왜냐하면 위기가 없을 때에는 역기능 가정도 그 나름대로 지탱해가기 때문이다. 위기가 찾아올 때 차이가 있음을 알 수 있다. 순기능 가정은 위기를 만나면 지혜롭게 잘 극복하며 가족끼리 더 결속력을 갖는다. 반면에 역기능 가정은 위기를 만나면 해체될 가능성이 높다.

위기 3: 취약한 자기

발달 과정에서 초기 대상관계가 응집력이 약할 때 청소년기나 청년기를 거치면서 위기가 찾아오거나 스트레스가 누적될 때 정신질환이 발병할 수 있다. 정신질환이 발병할 수 있는 유전적이며 생물학적인 소인성(vulnerablity)에 발달 과정의 환경적인 요인들이 겹칠 때 정신 질환이 발병하는 것이다.

성인아이들은 심리적 기초가 견고하지 못하다. '취약한 자기'(fragile self)를 갖고 있다 보니 자존감이 낮고 스트레스에 취약하다. 방어기제로 자기를 보호하면서 살지만 실제는 취약하다. 몸은 성인이 되었고 사회 속에서 성인으로 대우받지만 실상은 내적으로 취약한 어린아이나 청소년기에 심리적으로 고착되어 있기 때문에 위기를 극복해갈 수 있는 능력이 부족하다. 그래서 위기를 당할 때 성숙한 방법보다는 유년기적인 방법에 의존한다. 성장기에 사용했던 방어기제들을 반복해서 사용한다. 비효과적인 경우에도 사용한다. 그런 의미에서 치유되지 못한 성인아이들의 결혼생활은 모래 위에 세운 집처럼 불안정한 상태에 있다.

위기 4: 결혼 헌약

하나님이 짝 지워주셨다는 믿음과 헌약 위에 기초를 든든히 하지 않고 집을 세우면 위기가 찾아올 때 결혼생활은 여지없이 무너질 가능성이 있다. 오늘날 많은 가정들이 해체되고 있다. 성도들의 가정마저 해체되고 있는 현실의 궁극적인 이유는 결혼의 목적과 의미가 견고하지 않기 때문이다. 자기중심적인 현대 문화도 한 몫을 한다. 하나님이 짝 지워주셨음에 대한 믿음과 가정을 끝까지 지키겠다는 헌약은 어떤 위기 속에서도 가정이 무너지지 않게 버텨주는 반석과 같다.

위기 5: 하나님의 능력 1

성경에는 위기 상황과 관련된 내러티브들이 많이 등장한다. 하나님의 백성들은 수없이 기적을 체험했다. 위기 상황 속에서 하나님의 임재와 능력을 체험했던 적이 한두 번이 아니었다. 홍해 사건이나 광야에서의 삶, 가나안의 정복과정 등 수많은 구약의 사건들은 기적의 연속이었다. 예수님께서 이 땅에 오셔서 보여주신 많은 기적들도 마찬가지이다. 십자가에 죽으신 예수 그리스도의 죽음은 하나님의 부활의 능력을 보이는 기회가 되었다. 하나님은 옥에 갇힌 베드로를 기적적인 방법으로 이끌어내셨다. 그리고 빌립보 옥에 갇힌 바울과 실라에게 옥문이 저절로 열리는 기적을 베푸셨다. 예수님의 제자들에게 이어졌던 이 기적적인 사건들은 하나님이 그 크신 권능으로써 오늘날도 우리를 능히 도우시는 분임을 깨닫게 한다.

위기 6: 하나님의 능력 2

위기를 당할 때뿐만 아니라 평소의 삶 속에서도 "전능하사 천지를 만드신 하나님 아버지를 내가 믿사오며"로 시작되는 사도신경의 고백을 자신이 진심으로 믿고 고백하는지를 점검해야 한다. 말씀으로 천지 만물을 창조하신 분이 우리의 구원자이시며 하늘 아버지이시다. 이 사실을 진심으로 믿는다면 이 세상에서 어떠한 어려움 가운데서도 하나님 아버지를 의지하며 나아갈 수 있다. 인생의 험한 파도가 뱃머리를 때릴 때 그 폭풍 속에서도 임재 하시는 하나님을 믿는다면 믿음으로 우리의 인생 항해를 끝까지 마무리할 수 있다.

위기 7: 절망 vs. 소망

인생을 살다보면 더 이상 앞이 보이지 않고, 기운이 다 빠지고, 살고 싶은 의욕이 더 이상 없는 때가 찾아올 수 있다. 모든 것을 다 포기하고 싶고 신앙마저 완전히 흔들려 꺼져 가는 등불처럼 절망적인 시기를 통과할 때가 있다.

더 이상 가능성이 없다고 생각하는 사람에게도 복음은 소망이 있다고 선포한다. 예수님은 "상한 갈대를 꺾지 아니하며 꺼져 가는 등불도 끄지"(사 42:3) 않으신다. 인생의 짐을 지고 회복하지 못한 채 점점 깊은 수렁으로 빠져 들어가 목까지 물이 차 올라와 더 이상 희망이 없을 것 같은 순간에도 하나님은 보고 계시며 알고 계신다: "귀를 지으신 이가 듣지 아니하시랴 눈을 만드신 이가 보지 아니하시랴"(시 94:9). 불쌍히 여기시며 긍휼히 여기신다. 마침내 건져 올리신다.

하나님의 말씀과 예수님의 약속은 신실하다. 시편 기자는 "하나님이여 나를 구원하소서 물들이 내 영혼에까지 흘러 들어왔나이다 내가 설 곳이 없는 깊은 수렁에 빠지며 깊은 물에 들어가니 큰물이 내게 넘치나이다 내가 부르짖음으로 피곤하여 나의 목이 마르며 나의 하나님을 바라서 나의 눈이 쇠하였나이다"(시 69:1-3)라고 고백했다. 다른 시편에서 다윗은 마침내 응답하신 하나님을 다음과 같이 노래했다: "내가 여호와를 기다리고 기다렸더니 귀를 기울이사 나의 부르짖음을 들으셨도다 나를 기가 막힐 웅덩이와 수렁에서 끌어올리시고 내 발을 반석 위에 두사 내 걸음을 견고하게 하셨도다"(시 40:1-2). 눈물의 선지자라고 불리는 예레미야는 여러 차례 투옥되었으며 빠져나올 수 없는 구덩이에 던져지기도 했다. 그 때 그가 느꼈던 절박했던 심정을 다음의 말씀에서 느낄 수 있다. "그들이 내 생명을 끊으려고 나를 구덩이에 넣고 그 위에 돌을 던짐이여 물이 내 머리 위로 넘치니 내가 스스로 이르기를 이제는 멸절되었다 하도다"(애 3:53-54). 하나님은 구스 사람 환관 에벳멜렉을 통하여 예레미야를 그 급박한 위기 상황에서 구출해주셨다. 뿐만 아니라 바벨론이 예루살렘을 멸망시키는 날에 다른 사람들은 다 죽임을 당하는 상황 속에서 하나님은 에벳멜렉과 예레미야의 생명을 지켜주셨다.

위기 8: 인생은 고해

불교에서는 인생을 고해(苦海)와 같다고 비유한다. 일반적으로도 인생을 항해에 비유한다. 항해를 시작할 때에는 어떤 크고 작은 위기를 만날지 전혀 예상할 수 없다. 요즘은 기상 관측 기술이 발달하여 대부분 예상하면서 항해한다. 그러나 여전히 항해에는 예상하지 못하는 기상의 변수가 있다. 인간의 발달단계에서 누구나 겪으며 예측할 수 있는 위기도 감당하기에 만만치 않을 때가 있다. 쉽게 넘어갈 수 있으리라고 생각했던 발달상의 위기가 전혀 예상 밖의 위기로 변하는 경우가 있다. 평생 순항을 하는 이들이 간혹 있지만 대부분의 사람들은 크고 작은 파도를 만난다. 폭풍우를 만나거나 암초에 부딪쳐 파선하기까지 한다. 시편 기자는 인생의 위기를 만나 좌절 직전에 있는 사람들의 모습을 바다에서 항해하는 사람들이 폭풍을 만난 것에 잘 비유하였다: "그들이 하늘로 솟구쳤다가 깊은 곳으로 내려가나니 그 위험 때문에 그들의 영혼이 녹는도다 그들이 이리저리 구르며 취한 자 같이 비틀거리니 그들의 모든 지각이 혼돈에 빠지는도다"(시 107:26-27).

위기 9: 위기를 바라보는 시각

위기가 닥쳐올 때 인간은 두려움을 느낀다. 과연 그 위기를 잘 감당해낼 수 있을지 자신이 없기 때문이다. 두려움을 극복하기 위해서는 위기를 바라보는 시각이 매우 중요하다. 예수님은 우리가 평안할 때만 동행해주시는 분이 아니라 위기 속에서도 동행해주시는 분이라는 믿음의 시각을 잃지 않을 때 두려움을 극복하고 위기를 이겨낼 수 있다. 위기를 통해서도 합력해서 선을 이루시는 하나님의 섭리가 있을 것을 믿음으로 받아들이면 능히 감당할 수 있다. 바울은 이 위기의 의미를 "우리가 환난 중에도 즐거워하나니 이는 환난은 인내를 인내는 연단을 연단은 소망을 이루는 줄 앎이로다"(롬 5:3-4)라고 표현했다. 위기와 환난을 통해 인내하는 능력이 커지며 인내할 때 연단을 이루며 연단을 통해 소망하는 법을 배울 수 있다. 이 '연단' 이란 단어를 NIV 성경에서는 '품성' 으로 번역하였다. 위기는 성도들에게 품성과 성격이 다듬어지며 성장하며 예수 그리스도의 품성을 닮아갈 수 있는 좋은 기회가 될 수 있다. 위기를 당할 때 세상적인 관점에서만 바라보면 좌절하고 절망하며 회피할 수밖에 없다. 그러나 믿음으로 그 위기 상황을 예수님께 아뢰고 도움을 바라고 인내할 때 능히 감당하고 성숙한 삶을 살 수 있다.

위기 10: 위기와 뇌신경

위기에 대처하는 방법들 중의 하나는 과거에 경험했던 위기들을 극복했던 과정을 기억해내는 것이다. 위기를 당하면 인지는 부정적으로 변하게 될 가능성이 매우 높다. 일단 위험한 것을 인식하는 경보 장치가 울게 되면 뇌는 부정적인 내용을 먼저 인식하고 실제보다 위험을 과장해서 인식한다. 그리고 이전에 극복했던 경험들에 대한 기억을 잘 하지 못하고 현재의 위기만 크게 인식한다. 뇌는 생존을 우선시하기 때문이다.

뇌신경학의 발달은 이 사실을 보다 과학적으로 설명해준다. 위기 경보 시스템의 역할을 감당하는 부분이 뇌 속의 작은 부분인 편도(amygdala)다. 위기나 공포 상황에서는 입력된 정보가 사고와 해석을 감당하는 좌뇌의 전두엽(prefrontal cortex)을 거치지 않고 곧장 해마(hyppocampus)와 편도로 전달된다. 그리고 편도는 위기 정보를 받고 바로 경보 장치를 작동시킨다. 그러면 온 몸은 전두엽의 지시를 받지 않은 채 위기에 대처하는 태세를 갖추는 것이다. 불안과 두려움에 대한 비합리적이며 비이성적인 반응은 이런 뇌신경의 작용과 관련이 깊다. 이 작용은 공포증을 갖고 있는 환자에게 아무리 합리적으로 설명해도 치료가 잘 되지 않는 이유를 설명한다. 예를 들면, 거미 공포증을 갖고 있는 사람의 편도는 거미 그림만 보아도 의지와는 상관없이 두려움을 느끼게 경보 시스템을 작동시킨다. 그래서 그림조차 회피하게 만든다. 편도의 기능을 덜 활성화시키는 약물 치료나 항우울제를 통하여 불안 장애를 갖고 있는 분들이 도움을 받을 수도 있다. 아울러 '탈감각화'라는 행동치료와 근육이완을 돕는 호흡법을 통해 효과적인 심리치료가 가능하다는 점을 덧붙이고 싶다.

위기 11: 연결짓기 1

출애굽을 한 이스라엘 백성들은 홍해 사건부터 시작해서 가나안에 들어갈 때까지 광야에서 많은 환난과 위기를 경험했다. 하나님의 기적적인 도우심으로 위기들을 극복했음에도 불구하고 새로운 위기기 닥쳐오면 그들은 마치 치매 환자처럼 행동했다. 과거에 기적적으로 역사하셨던 하나님에 대한 믿음과 연결짓지 못했다. 그래서 그들은 당황해하고 불평하고 원망했다.

위기 12: 연결짓기 2

한 시편기자는 위기를 당했을 때 기도했지만 여전히 밀려드는 불안과 두려움 앞에서 이전에 그가 불렀던 노래를 기억해낸다. 자신이 태어나기도 전에 하나님께서 광야에서 자신의 선조들에게 신실하게 역사하셨던 하나님을 기억하며 다음과 같은 시를 썼다: "내가 옛날 곧 지나간 세월을 생각하였사오며 밤에 부른 나의 노래를 내가 기억하여 내 심령으로, 내가 내 마음으로 간구하기를... 곧 여호와의 일들을 기억하며 주께서 옛적에 행하신 기이한 일을 기억하리이다"(시 77:5-11) (밑줄은 강조된 것임). 이 시편기자가 기억해낸 역사적 사건은 바로 홍해 앞에서 진퇴양난의 위기에 처해 있었던 이스라엘 백성들을 위하여 하나님께서 바다 가운데로 길을 내셔서 건너게 하셨던 사건이었다(시 77:16-20 참조). 수백 년 전에 일어났던 사건이며 그가 직접 겪었던 사건도 아니지만 어제나 오늘이나 영원토록 변함없이 신실하신 하나님이 개입하셨던 그 역사적 사건을 기억한 것이다. 그 과거의 내러티브를 현재의 자신의 내러티브에 연결함으로써 시인은 현재의 위기를 감당해나갈 것이라고 고백했다.

위기 13: 위기의 의미

예수님을 선장으로 모시고 살아가는 신앙인의 삶에 예기치 않은 큰 파도나 폭풍우가 찾아올 수 있다. 예수를 믿는다고 해서 위기로부터 면제받은 것은 아니다. 죄를 짓고 그 결과로 위기를 경험하는 경우도 있지만 많은 경우에는 뚜렷한 이유를 알 수 없는 위기들을 만난다.

작은 배를 타고 갈릴리 바다를 건너가려던 예수님과 그의 제자들은 예상하지 못했던 큰 폭풍을 만나 배가 거의 잠기게 되는 지경까지 간 적이 있었다(막 4:35-41 참조). 그 위기 상황 속에서 피곤하신 예수님은 배 고물에서 주무시고 계셨다. 마침내 제자들은 예수님을 찾았고 예수님은 말씀으로 물결과 바람을 꾸짖으시고 잠잠케 하심으로써 위기 상황의 궁극적인 해결자가 되셨다.

이 사건에서 깨닫는 사실은 예수님을 모시고 가는 배에도 폭풍이 찾아왔다는 것이다. 예수님을 모시고 살아가는 성도들이 믿지 않는 사람들과 다른 점은 위기를 경험할 때 궁극적인 해결자가 되시는 예수님과 동행하고 있다는 것이다. 그는 성도들에게 견딜 수 있도록 힘과 능력을 주신다. 친히 임재하시며 궁극적인 해결자가 되신다. 그리고 위기를 통해 예수님을 더욱 신뢰하며 새로운 관계로 이끄신다. 제자들은 이 폭풍 사건을 통해 예수님을 바라보는 새로운 시각을 갖게 되었다: "서로 말하되 그가 누구이기에 바람과 바다라도 순종하는가 하였더라"(막 4:41).

위기 14: 야곱의 세겜 사건

야곱은 세겜의 피비린내 나는 살육의 위기 경험 후에 "너희 중에 있는 이방 신상들을 버리고 자신을 정결하게 하고 너희들의 의복을 바꾸어 입으라 우리가 일어나 벧엘로 올라가자 내 환난 날에 내게 응답하시며 내가 가는 길에서 나와 함께 하신 하나님께 내가 거기서 단을 쌓으려 하노라"(창 35:2-3)고 말하며 그의 온 가족들에게 영적 회복을 촉구하였다. 그때 그들은 그때까지 여전히 가지고 있었던 모든 이방 신상들과 귀걸이들을 상수리나무 아래에 파묻고 이전의 삶을 청산하는 순종을 보였다. 그래서 세겜의 위기 사건은 야곱의 삶의 여정에서 중요한 변화의 한 분기점이 되었다.

위기 15: 실존적 위기

애굽으로부터 탈출하여 홍해를 건넜던 이스라엘 백성들이 광야에서 부딪혔던 실존적인 위기는 식량과 물이 떨어진 것이었다. 가지고 나온 양식과 물이 바닥났을 때 그들은 두려워했고 모세를 원망했다. 배고픈 것도 고통스러운 일이지만 광야에서 물이 없어 목이 마른 것은 더 고통스러운 일이었을 것이다. 목이 타게 하는 광야의 열기 속에서 물이 없어 마시지 못하여 느끼는 고통은 배고픈 고통보다 훨씬 더하다. 이 위기 상황에서 이스라엘 백성들은 애굽에서 배불리 먹던 시절을 회상하며 모세를 원망했다(출 16:2-4 참조). 실존적인 위기는 이스라엘 백성들에게 하나님의 능력을 신뢰하고 기도할 수 있는 좋은 기회였음에도 불구하고 그들은 그 기회를 볼 수 있는 믿음의 눈이 없었다. 원망하는 수준에 머물렀다. 이 수준에 머물러 있는 신자들도 적지 않다.

위기 16: 위기는 기회 1

겉으로는 예수님을 따르는 제자처럼 행동하고 목회자가 되거나 신학생이 되거나 직분을 맡고 신앙생활을 할 수도 있다. 그러나 예수 그리스도와 참으로 연결되며 헌신되지 않은 자는 위기를 통해 자신이 영적인 파산자였음을 깨닫게 된다. 자신이 모래 위에 집을 짓고 있는 사람임을 깨닫는 기회가 살아있는 동안에 주어진다는 것은 참으로 감사한 일이 아닐 수 없다. 위기를 통해 세상적으로는 많은 것들을 잃었지만 기초부터 집을 지을 수 있는 기회가 여전히 주어졌다는 것은 큰 은총이다. 평생 착각하고 살다가 마지막 임종 순간에 혹은 마지막 심판 날에 자신이 모래 위에 집을 세운 어리석은 건축자라는 사실로 드러난다면 땅을 치면서 통곡해도 소용이 없다.

위기 17: 위기는 기회 2

매주 예배 시간에 신앙고백을 하던 신앙인이 막상 인생의 위기를 만나서 뚜껑을 열고 자신의 실상을 자각할 때 충격을 받을 것이다. 자신이 심리적으로나 영적으로 기초가 매우 약한 상태에서 살았음을 깨달을 때 혼란스럽고 수치스러울 것이다.

위기 상황에서 주저앉거나 무너지는 것은 하나님의 뜻이 아니다. 고통스럽지만 자신의 상태를 직면해야 한다. 문제가 무엇이었는지를 바로 진단해야 한다. 어느 부분에서 기초가 약한지 어디가 무너져 있는지를 바로 파악해야 한다. 느헤미야는 예루살렘에 돌아와 무너진 예루살렘 성을 재건하기 전에 "아무에게도 말하지 아니하고 밤에 일어나" 무너진 예루살렘 성의 현실을 직접 두 눈으로 진단하였다(느 2:12). 그리고 백성들에게 "우리가 당한 곤경은 너희도 보고 있는 바라 예루살렘이 황폐하고 성문이 불탔으니 자, 예루살렘 성을 건축하여 다시 수치를 당하지 말자"(느 2:17)라고 성 재건 운동을 일으켰다. 예루살렘 성만 재건하지 않고 더 핵심적인 영적 부흥운동을 일으켰다(느 8-10장 참조).

위기 18: 위기는 기회 3

엘리사는 그의 종의 눈을 열어 큰 천사 군대가 아람군대에 의해서 포위된 사마리아 성 위에 둘러싸고 보호하고 있는 것을 보여주었다. 위기는 우리의 영적인 눈을 새롭게 열게끔 초대하시는 하나님이 주시는 좋은 기회이다. 그리고 믿지 않는 자들에게는 위기는 그 영혼이 성령의 거듭나게 하시는 중생의 역사로 초대될 수 있는 좋은 기회다. 이 기회를 살리지 못한 채 옛 삶으로 회귀하는 것을 불행한 일이다.

Suffering 12

고난

고난 1: 환난과 핍박

기독교 역사 속에서 환난과 핍박이 있었을 때 끝까지 견디며 신
앙의 절개를 지킨 성도들이 있었다. 견디지 못해 변절한 자들도 많
았다. 로마 황제 콘스탄티누스가 기독교를 국교로 제정하기 전까
지 로마의 많은 황제들은 황제 숭배 사상을 통해 기독교를 적극적
으로 핍박했다. 많은 성도들이 원형 경기장에서 사자들에게 물어
뜯겨 죽었다. 때로는 화형을 당했고 교수형 당하기도 했다. 히브
리서 11장 후반부에 여러 형태의 핍박이 잘 묘사되어 있다.

그러나 환난과 핍박은 오히려 기독교를 들불이 번져나가듯이
전 세계를 향해 퍼져나가게끔 했다. 그리고 교회의 순수성을 유지
하게 했다. 교회의 부흥을 가져오는 결과를 가져왔다. 환난과 핍
박은 개인과 교회의 신앙을 더욱 성숙하게 하며 순수하게 하는 기
회가 되었다. 하나님의 능력을 더욱 의지하며 체험할 수 있게 하는

기회가 되었다.

한국 교회는 일제 치하에서 신사 참배 문제로 엄청난 환난과 핍박을 겪었다. 많은 순교자들을 낸 자랑스러운 신앙의 유산을 물려받았다. 물론 이 과정에 신사 참배를 했던 부끄러운 과거 역사도 있었다. 공산치하와 6.25사변을 통해서도 많은 성도들이 핍박과 순교를 당했다. 손양원 목사님과 그 두 아들도 순교의 피를 이 땅에 뿌리고 갔다.

환난과 핍박은 참 신앙인과 거짓 신앙인을 구별하는 계기가 된다. 오늘날 지구상에도 여전히 기독교신앙으로 인하여 핍박을 받는 성도들이 많이 있다. 회교도들에 의해 교회가 불태워지고 살해당하는 일들이 일어나고 있다. 죽으면 죽으리라는 순교자의 정신이 한국교회에 회복되어야 한다. 한국교회가 해이해지면 하나님은 핍박과 환난을 통해서 한국교회를 순수하게 하실 것이다. 경성해야 할 부분이다.

고난 2: 순교

순교는 분명한 부활신앙을 갖고 있을 때 가능하다. 예수님을 위해서 죽고자 하는 자들은 살고, 살고자 하는 자들은 죽는 역설적인 진리를 이해한 자들만이 순교를 각오하는 신앙생활을 할 수 있다. "한 알의 밀이 땅에 떨어져 죽지 않으면 한 알 그대로 있고 죽으면 많은 열매를 맺느니라"(요 12:24)는 예수님의 말씀을 염두에 두며 살 때 죽음에 대한 두려움을 극복하는 신앙생활을 할 수 있다. "내가 그리스도와 함께 십자가에 못 박혔나니 그런즉 이제는 내가 산 것 아니요 오직 내 안에 그리스도께서 사시는 것이라"(갈 2:20)는 바울의 고백을 할 수 있을 때 순교까지 할 수 있다.

총신대 신학대학원이 위치한 양지 캠퍼스에서 가까운 곳에 한국교회순교자기념관이 있다. 기념관까지 올라가는 산책길이 아름답다. 최근에 산책로 주변의 산에 있는 나무들을 베어내는 바람에 아름다운 분위기가 많이 사라진 점이 아쉽다. 기념관 진입로부터 늘어선 기념비에는 순교자들의 이름과 성경구절들이 새겨져 있다. 순교자기념관에 들를 때마나 내 자신이 부끄러워진다.

순교한 신앙의 선배들을 기억하면 용기가 생긴다. 우리는 홀로 환난과 핍박을 받는 것은 아니라는 점을 기억할 때 '고통의 보편성'을 깨닫고 용기를 얻을 수 있다. 집단상담이 효과적인 이유 중의 하나는 집단상담 과정을 통해 자신만 고통을 당하며 문제를 겪고 있다는 시각에서 벗어날 수 있기 때문이다. 자신과 비슷한 처지에 있는 사람들, 아니 더 심각한 고통과 더불어 싸워 가는 사람들이 있음을 알게 되면서 상대적으로 자신의 고통이 경감되는 것을 경험하기 때문이다. 히브리서 11장에 나오는 많은 믿음의 선진들과 우리를 구름같이 둘러싸고 있는 수많은 믿음의 선배들은 이 환난과 핍박을 견디고 믿음을 지켰다. 그들이 성도들의 인생여정을 지켜보고 응원하고 있음을 기억하면 끝까지 믿음의 경주를 마무리할 수 있을 것이다. 쓰러지더라도 '칠전팔기'의 정신으로 살 수 있다.

고난 3: 고난의 의미

고난의 의미를 이해할 수 없을 때 믿음으로 인내하는 것이 중요하다. 선하신 하나님, 살아계신 하나님, 주권적인 하나님께서 궁극적으로 고난조차 합력해서 선을 이루실 것을 바라보는 것이 중요하다. 하나님의 강한 오른손에 삶을 맡기는 태도가 성숙한 신앙인의 모습이다.

하나님은 성도가 고생하도록 내버려두고 즐기시는 가학적인 분이 결코 아니다. 고난과 위기가 당장에 해결되지 않을 때에도 그 문제를 바라보는 시각을 바꾸어 주시며 때를 따라 감당할 수 있는 은혜와 능력을 부어주신다. 때로는 우리가 원하는 기도에 응답하지 않으시고 고통 가운데 두셔서 우리를 빚으신다. 그것이 유익한 것임을 아시기 때문이다. 바울의 몸에 가시 곧 사탄의 사자를 주셨을 때 바울은 "이것이 내게서 떠나가게 하기 위하여 내가 세 번 주께 간구하였"다. 그는 주님으로부터 "내 은혜가 네가 족하도다 이는 내 능력이 약한 데서 온전하여짐이라"는 응답을 받았다(고후 12:8, 9).

고난 4: 다니엘의 세 친구들의 고난

다니엘의 세 친구들은 여호와 신앙 때문에 풀무불에 던져지는 시련을 겪었다. 그들은 "그리 아니 하실 지라도"의 신앙을 견지했다. 풀무불에 집어넣겠다는 위협 앞에서도 신앙의 절개를 굽히지 않았다. 그들이 풀무 불 속에 던져졌을 때 세 사람 외에 다른 한 사람이 불 속에서 그들과 함께 거닐고 있었다(단 3:13-25 참조). 그들은 결박된 채 불 속에 떨어졌지만 "결박되지 않은 네 사람이 불 가운데로 다니는데 상하지도 아니하였고 그 넷째의 모양은 신들의 아들과 같도다"(단 3:25)라고 말한 느부갓네살 왕의 표현처럼 그들은 결박되지 않은 채 불 속에서 거닐고 있었다. 그리고 그들의 고난의 현장에 성자 하나님이 동행하고 계셨다. 이 사건은 "네가 물 가운데로 지날 때에 내가 함께 할 것이라 강을 건널 때에 물이 너를 침몰치 못할 것이며 네가 불 가운데로 행할 때에 타지도 아니할 것이요 불꽃이 너를 사르지도 못하리니"(사 43:2)라고 이사야를 통해 말씀하셨던 하나님의 약속이 문자적으로 그대로 이루어진 역사적인 사건이었다.

고난 5: 십자가의 길

예수님께서 세상에서 고난을 당하셨기 때문에 성도가 고난을 당하는 것은 이상한 일이 아니다. "형제들아 너희를 연단하려고 오는 불 시험을 이상한 일 당하는 것 같이 이상히 여기지 말고 오히려 너희가 그리스도의 고난에 참여하는 것으로 즐거워하라"(벧전 4:12)는 말씀을 기억해야 한다. 예수님을 좇는 제자의 길은 십자가의 길이며 고난의 길이다. "의를 위하여 박해를 받은 자는 복이 있나니 천국이 그들의 것이라"고 주님이 친히 말씀하셨다(마 5:10). 주님이 당한 고난을 기억하는 것은 고난을 견디는데 큰 힘이 된다. 주님이 고난당하는 성도를 도우신다는 말씀을 기억해야 한다: "그가 시험을 받아 고난을 당하셨은즉 시험 받는 자들을 능히 도우실 수 있느니라"(히 2:18).

고난 6: 자기 십자가를 지기

자기 십자가를 기꺼이 지고 예수 그리스도를 따랐던 바울은 그를 위하여 당하는 환난과 고난 속에서 불평하거나 좌절하거나 절망하지 않았다. 비록 질그릇같이 연약한 성정을 갖고 있지만 그 질그릇 속에 보배인 예수 그리스도가 있었기 때문에 그 모든 고난을 견뎌낼 수 있었다고 고백했다(고후 4:8-10 참조). 빌립보 교회가 바울의 사역을 돕도록 파송했던 에바브로디도가 병들어 죽게 되었을 때 하나님이 그를 긍휼히 여기시고 살려주셨음을 언급하면서 그를 다음과 같이 소개했다: "그가 그리스도의 일을 위하여 죽기에 이르러도 자기 목숨을 돌보지 아니한 것은 나를 섬기는 너희의 일에 부족함을 채우려 함이니라"(빌 2:30).

"보소서 우리가 모든 것을 버리고 주를 따랐나이다"(막 10:28) 라고 말하는 베드로의 말에 예수님께서는 다음과 같이 대답하셨다: "내가 진실로 너희에게 이르노니 나와 복음을 위하여 집이나 형제나 자매나 어머니나 아버지나 자식이나 전토를 버린 자는 현세에 있어 집과 형제와 자매와 어머니와 자식과 전토를 백 배나 받되 박해를 겸하여 받고 내세에 영생을 받지 못할 자가 없느니라" (막 10:29). 집을 버려야 하는 이가 있는 반면 형제나 자매를 버려야 하는 이가 있다. 어머니나 아버지를 버려야 하는 이가 있는가 하면 자식을 버려야 하는 이가 있다. 자신의 재산을 포기해야하는 이가 있다. 예수님과 복음을 위하여 사는 삶에서 이와 같은 이차적인 관계나 잠정적 대상이 우선순위를 차지하는 삶을 포기하는 것이 자기 십자가를 지고 예수님을 따르는 삶이다. 위의 본문은 이단들은 악용한다. 우선순위의 말씀을 문자적으로 적용해서 실제로 모든 것을 다 버리고 이단 무리에 합류할 것을 가르친다. 이것은 잘못된 해석과 적용이다.

고난 7: 영광스러운 스티그마

환난과 핍박이 성도가 예수님께 속한 자임을 확인시키는 역할을 한다. 이렇게 생각을 전환하면 세상이 알 수 없는 기쁨을 누린다. 예수님 때문에 최소한 한번은 고난을 당한 '흔적'(stigma)이 있다면 그 흔적은 주님이 허락하신 훈장이다. 물론 스스로 자랑할 일은 아니지만 그 흔적은 신앙여정에서 힘을 실어주는 내러티브다.

성도의 몸에 그리스도의 흔적이 있다는 것은 성도가 예수 그리스도의 소유임을 드러낸다. '낙인' 이라고 불리는 '스티그마' 는 헬라어에서 온 단어다. 소나 말의 소유주를 나타내기 위해 불에 단 쇠를 짐승의 몸에 직접 찍을 때 생기는 자국을 의미하는 단어다. 이 과정은 고통스럽다. 그러나 한번 스티그마를 얻게 되면 평생 그 소유주가 누구임을 분명히 드러낸다. 세상에서 사람들은 한번 낙 인찍히면 재기하기가 어렵다. 그래서 스티그마를 수치스럽게 생 각한다. 그러나 신앙적인 스티그마는 성도의 영광이다. 순교를 각 오하는 신앙으로 환난과 핍박을 통과하면 성도의 내면에 선명한 흔적이 남는다. 성도의 표식이다.

고난 8: 성도의 견인

슬픔과 고통이 극심해지면 성도들도 주님의 사랑에 대하여 회 의가 들 수 있다. 하나님을 사랑하고 싶은데 그 사랑의 감정보다 신체적인, 감정적인 고통이 점점 더 커질 때 하나님에 대하여 화 가 날 수도 있다. 하나님이 너무 하신다는 생각을 할 수도 있다. 이와 같이 하나님께 대한 우리의 사랑의 감정과 태도는 가변적일 수 있다.

그러나 우리를 향한 하나님의 사랑은 불변하다고 바울은 확신 있게 선포한다: "누가 우리를 그리스도의 사랑에서 끊으리요 환난 이나 곤고나 핍박이나 기근이나 적신이나 위험이나 칼이랴....내 가 확신하노니 사망이나 생명이나 천사들이나 권세자들이나 현재

일이나 장래 일이나 능력이나 높음이나 깊음이나 다른 아무 피조물이라도 우리를 우리 주 그리스도 예수 안에 있는 하나님의 사랑의 줄에서 끊을 수 없으리라"(롬 8:35-39).

고난 9: 소망

성도는 고난 중에도 즐거워할 수 있는 것은 고난이 소망을 이루는 줄 알기 때문이다(롬 5:3-4 참조). '앎'은 매우 중요하다. '앎'은 미래를 바라보는 믿음과 소망의 눈이다. "우리가 잠시 받는 환난의 경한 것이 지극히 크고 영원한 영광의 중한 것을 우리에게 이루게 함이니"(고후 4:17)라는 고백한 바울의 말씀은 진리다.

고난 10: 핍박 경험과 주님의 품

핍박받을 때에 의지할 사람이 있으면 견딜 수 있다. 성도는 의지할 수 있는 주님 앞에 나아가 울며 하소연할 수 있다. 언제 어디서나 주님께 기도할 수 있다. 주의 품에 안기며 위로와 격려를 받을 수 있다. "걱정할 것 없다 두려워하지 말아라 내가 너와 함께하지 않니? 나는 너를 끝까지 붙들고 있단다"라고 말씀하는 주님의 음성을 들으면 큰 힘을 얻을 수 있다.

성도는 핍박당할 때에 좌절하거나 같이 욕하거나 대들지 말고 주님의 품으로 달려가 위로를 받아야 한다. 이와 같은 위로의 음성을 듣지 못할 때도 있다. 그러나 실망하거나 좌절할 필요가 없다.

응답이 없는 것 같은 그 때에도 주님은 뜻하신 바가 있기 때문이다. 그 침묵의 기간이 지나고 나면 분명히 그 침묵은 큰 의미가 있었음을 깨닫게 된다.

고난 11: 고난은 역설적인 은총

세상에서 고초를 당할수록 더 큰 위로를 받게 되는 것이 성도의 삶의 신비이다. 고난이 클수록 더 큰 위로를 경험하게 된다. 우리는 평소에 잘 지내고 어려움이 없으면 당연하게 여기며 살 때가 많다. 그러나 어려움과 고난을 겪으면서 평소에 당연하게 여기던 것들이 얼마나 큰 은총이었는지를 깨닫고 하나님의 은혜에 감사하게 된다. 그런 점에서 고난은 유익한 은총이다.

고난 12: 테스트로서의 고난

긍정적이며 발전적인 의미의 시험은 꼭 필요하다. 그 시험을 통과하기 위해서는 많은 노력과 땀을 흘려야 하며 때로는 상당한 스트레스를 견뎌내야 한다. 테스트를 거치면서 자신의 능력과 노력에 대하여 비교적 객관적인 평가를 할 수 있는 기회를 가질 수 있다. 신앙인의 삶에서 객관적인 평가를 해볼 수 있는 시험을 경험한다는 것은 두려운 일인 동시에 필요한 일이다.

하나님은 우리의 신앙의 성숙 과정에서 필요하다고 여기실 때 적극적으로 시험을 통과하게끔 하신다. 물론 하나님은 우리를 시험(temptation)하지 않으신다: "하나님은 악에게 시험을 받지도 아니하시고 친히 아무도 시험하지 아니하시느니라"(약 1:13). 그러나 우리를 테스트를 하실 때가 있다. 예를 들면, 아브라함과 욥의 경우다. 아브라함의 경우는 적극적으로 테스트를 하신 경우이며 욥의 경우에는 테스트를 받도록 소극적으로 허용하신 경우다. 아브라함과 욥은 믿음을 잃지 않고 이 시험을 잘 통과함으로써 하나님 앞에서 인정받는 신앙인의 삶을 살았다.

고난 13: 하나님의 침묵

테스트를 받는 시험에서 견디기가 힘든 것은 하나님의 침묵이다. 성경 말씀을 읽어도 확신이 서지 않고 기도를 해도 답답하고, 심지어는 기도도 잘 나오지 않고 마냥 고통만 더해갈 때 그 과정을 계속 견딘다는 것은 결코 쉬운 일이 아니다. 그러나 우리의 '일거수일투족'을 다 알고 계시는 하나님께서 우리의 이 심정 또한 알고 계신다는 사실을 계속 기억해야 한다. 응답이 없고 앞이 캄캄하고 출구가 없는 것처럼 여겨지는 기간도 우리에게 필요해서 주신 기간이라고 재해석하면 견딜 수 있는 힘을 얻을 수 있다. 그리고 우리가 채 인식하지 못할 때에도 우리 마음 속에 거주하시는 성령께서 말할 수 없는 탄식으로 우리를 위해 기도하시며 계속 새 힘을 공급해주시기 때문에 우리는 끝까지 견딜 수 있다(롬 8:26-27 참조). 이것이 '성도의 견인' 교리다. 하나님은 성도가 끝까지 견디기를 원하시며 또한 견딜 수 있도록 힘을 주신다. 또한 마침내 승리할 것이라는 확실한 약속을 주셨다. 이같이 성도의 견인과 하나님의 구원 약속은 불가분의 관계를 맺고 있다.

고난 14: 권념하시는 하나님

하나님은 성도들의 삶의 현장을 권념하신다: "이스라엘 자손은 고된 노동으로 인하여 탄식하며 부르짖으니 그 고된 노동으로 인하여 부르짖는 소리가 하나님께 상달된지라 하나님이 그들의 고통 소리를 들으시고 하나님이 아브라함과 이삭과 야곱에게 세운 그 언약을 기억하사 이스라엘 자손을 돌보셨고 하나님이 그들을 기억하셨더라"(출 2:23-25). "돌보시고 기억하셨다"는 표현 대신 이전 번역성경에서는 "권념하셨더라"라고 번역했다. 권념(眷念)하셨다는 말은 관심을 가지고 생각하셨다는 뜻이다.

성부 하나님과 성자 예수 그리스도는 성도가 고통과 근심에 싸여 있을 때 보시며, 아시며, 부르짖는 소리를 들으시고 깊은 관심을 갖고 계신다. 또한 마땅히 빌 바를 알지 못하고 그냥 고통하고 있을 때조차 성령 하나님께서는 성도들의 연약함을 도우시고 "말할 수 없는 탄식으로 우리를 위하여 친히 간구"(롬 8:26)하신다. 하나님은 심지어 약속의 자손이 아닌 이스마엘과 하갈에게도 감찰하시는 하나님으로 자신을 계시하셨다: "네가 임신하였은즉 아들을 낳으리니 그 이름을 이스마엘이라 하라 이는 여호와께서 네 고통을 들으셨음이니라"(창 16:11); "하갈이 자기에게 이르신 여호와의 이름을 나를 살피시는 하나님이라 하였으니 이는 내가 어떻게 여기서 나를 살피시는 하나님을 뵈었는고 함이라"(창 16:13). 하물며 하나님이 약속의 자존, 성도의 삶을 살피시지 않겠는가?

고난 15: 고난의 한시성

십자가를 지는 것과 같은 고난은 인생 여정에서 평생 계속되는 것은 아니다. 환난과 핍박으로 삶을 마무리함으로써 순교적인 삶을 살다가 죽는 성도들이 있다. 그러나 대부분의 경우 고난은 한시적이다. 주님을 따를 때는 고난 속에도 기쁨이 있다. 고난 뒤에는 기쁨이 찾아온다. 고난 자체는 이와 같이 한시성을 띠고 있고. 비록 고난이 평생 지속된다고 할지라도 영원의 틀 속에서 볼 때 여전히 한시적이다. 바울은 이 고난을 "지극히 크고 영원한 영광"과 비교할 때 "잠시 받는 환난"이라고 잘 표현했다(고후 4:16). 이 사실을 명심할 때 고난을 견딜 수 있는 힘을 얻는다.

고난 16: 고난의 보편성 1

험한 고난의 길을 나 혼자만 걷고 있는 것이 아니라 수많은 믿음의 형제들과 자매들이 함께 걷고 있다는 사실을 기억하면 용기를 얻을 수 있다. 아합 왕 시대에 이스라엘에서 활동했던 엘리야는 왕후 이세벨의 위협 앞에 두려움을 느끼고 남쪽 유다로 피신하였다. 그리고 좌절하고 절망하여 하나님께 죽기를 간구 했다. 하나님은 그를 호렙 산에서 만나주시고 그에게 아직 바알 신에게 무릎을 꿇지 않고 신앙의 정절을 지키는 사람들이 칠천 명이나 남아 있다고 말씀하셨다(열상 19:18 참조). 엘리야는 "오직 나만 남았거늘"이라며 불평했지만 하나님은 그에게 이스라엘 땅에 여전히 신실한 신앙 공동체가 남아있음을 알려주심으로 엘리야에게 새로운 힘과 소망을 주셨다.

고난 17: 고난의 보편성 2

자신만 십자가를 지고 가고 다른 사람들은 다 룰루랄라 노래하면서 가는 것이 아니다. 다른 신자들은 아무런 어려움이나 고난이 없는 것 같으며 하나님의 복을 혼자 다 받는 것처럼 보일 수 있다. 그러나 사람마다 가정마다 혹은 교회마다 나름대로의 십자가가 있다. 예수님을 진정으로 좇는 사람마다 각자에게 주어진 십자가를 지고 있음을 깨달을 때 자신이 지고 있는 십자가는 상대적으로 가볍게 느껴진다.

고난 18: 회의를 이기는 방법

고난의 출발점에서는 하나님의 뜻이 무엇인지 분명하게 느끼고 확신하였지만 고통이 점점 더 심해지고 고난의 현장에서 머무르는 시간이 길어질수록 하나님의 뜻 자체에 대해서 혼란스럽고 의심이 들 수 있다. 과연 심해지는 고난을 계속 견뎌내야 하는지에 대해 확신과 소망이 약해질 수 있다. 이럴 때에는 지나왔던 삶의 전체 여정을 점검해보는 지혜가 필요하다. 분명히 하나님은 과거의 힘들었던 기간 동안 동행해주셨던 신실한 분임을 기억할 때 끝까지 참고 견딜 수 있다. "결코, 결코, 결코" 삶을 포기해서는 안 된다. 성도들 중에도 자살하는 이들이 늘어나고 있는 현 시대 상황 속에서 결코 스스로 삶을 포기해서는 안 된다는 사실을 거듭 강조할 필요가 있다. 자살은 이기적이며 미성숙하며 불신앙적이다. 남은 자들을 생각해서라도 끝까지 견뎌야 한다.

고난 19: 고난 가운데 동행하시는 성령님

이 천성 길은 험하고 매우 좁지만 끝까지 견디면 영생이 확실하게 보장된 길이다. 예수님은 우리를 그 험한 길에 홀로 내버려두지 않으시고 성령님을 통하여 친히 동행해주시며 실족하지 않도록 도와주신다: "내가 아버지께 구하겠으니 그가 또 다른 보혜사를 너희에게 주사 영원토록 너희와 함께 있게 하리니…그는 너희와 함께 거하심이요 또 너희 속에 계시겠음이라 내가 너희를 고아와 같이 버려두지 아니하고 너희에게로 오리라"(요 14:16-18). 이 약속의 말씀을 붙들면 천성 길을 두려움 없이 걸어갈 수 있다.

고난 20: 천사의 사역

오늘날 천사를 직접 눈으로 보는 경우는 없다. 그러나 오늘날도 하나님은 자기 자녀들을 위해서 눈에 보이지 않지만 천사들을 보내서서 성도들을 도와주신다. 그리고 천사와 같은 역할을 하는 사람들을 붙여주셔서 지칠 때에 용기를 북돋아 주신다. 손을 잡아 일으켜 세우신다. 뿐만 아니라 구름과 같이 둘러싸고 있는 많은 믿음의 선진들이 성도들을 지켜보며 믿음의 경주를 끝까지 잘 달리라고 소리치며 격려하고 있다: "이러므로 우리에게 구름 같이 둘러싼 허다한 증인들이 있으니"(히 12:1). 그 격려의 소리들을 믿음의 귀를 열고 듣게 될 때 성도는 넘어졌다가도 다시 일어날 수 있다.

고난 21: 고난과 소망

성도는 영원한 것과 보이지 않는 것에 시선을 고정해야 한다. 현재의 잠정적인 고난을 기쁨으로 감당하며 보이는 것에 애착하지 않아야 한다. '고진감내'(苦盡甘來)라는 말이 있다. 고통스러운 일이 다하면 기쁜 일도 온다는 뜻이다. 고난과 고통은 영원한 하나님의 나라와 그 영광에 비교할 때 매우 잠정적인 것이다. 이 사실을 기억할 때 우리는 어떠한 고난과 고통도 견뎌낼 수 있는 믿음을 소유할 수 있다. 마냥 견디는 것에 의미가 있는 것이 아니다. 견딤의 과정을 통해 하나님을 더 찾으며 하나님을 더 깊이 알게 되는 경험을 할 때 의미가 있다.

고난 22: 영광 1

예수님 때문에 겪는 고난은 영광스럽다. 의를 위하여 핍박을 받는 것은 성도의 영광이다: "나로 말미암아 너희를 욕하고 박해하고 거짓으로 너희를 거슬러 모든 악한 말을 할 때에는 너희에게 복이 있나니 기뻐하고 즐거워하라 하늘에서 너희의 상이 큼이라"(마 5:11-12). 돌에 맞아 죽는 상황에서 스데반의 얼굴은 천사의 얼굴과 같이 빛나고 있었다. 고통과 괴로움의 얼굴이 아닌 평화와 영광이 깃들인 얼굴이었다. 돌에 맞으면서도 그는 성령이 충만하여 하나님의 영광을 보았고 예수님이 하나님 우편에 서 계신 모습을 보았다(행 7:54 참조).

고난 23: 영광 2

"십자가가 없으면 면류관도 없다"는 말이 있다. 부활의 영광을 경험하기 전에 반드시 거쳐야 할 단계는 고난과 십자가다. 변화와 성숙을 경험하려면 고난과 고통 또는 위기를 통과해야만 한다. 베드로 사도는 "이를 위하여 너희가 부르심을 받았으니 그리스도도 너희를 위하여 고난을 받으사 너희에게 본을 끼쳐 그 자취를 따라오게 하려 하셨느니라"(벧전 2:21)고 그리스도의 고난의 의미를 잘 드러냈다. 야고보 사도는 "시험을 참는 자는 복이 있도다 이는 시련을 견디어 낸 자가 주께서 자기를 사랑하는 자들에게 약속하신 생명의 면류관을 얻을 것이기 때문이라"(약 1:12)고 말씀하여 고난 후에 반드시 찾아올 영원한 영광에 대해 말씀했다.

고난 24: 영광 3

현재의 고통은 장차 우리에게 주어질 영광과 감히 비교할 수 없는 것임을 기억하고 견뎌갈 때 검은 구름은 마침내 걷히고 맑은 하늘을 다시 볼 수 있는 날이 분명히 찾아온다. 기나긴 밤이 지나고 새벽에 떠오르는 태양을 다시금 목도할 수 있다: "저녁에는 울음이 깃들일지라도 아침에는 기쁨이 오리라"(시 30:5). 설령 이 세상에서는 어두운 밤으로만 삶이 끝난다고 할지라도 죽음 저 너머에서 부활의 환희와 영원한 하나님 나라의 백성으로 입성하는 기쁨과 영광이 있다.

고난 25: 영광 4

불신자들은 성도들의 삶의 태도를 현실을 직시하지 못한 채 삶의 불안을 회피하는 신경증으로 이해할 것이다. 그러나 성도는 고통을 겪을 때 여전히 자신의 두 발은 이 땅에 딛고 있음을 부인하지 않는다. 그러면서도 시선을 늘 보이지 않는 하나님과 하나님의 나라에 고정하며 살아가는 사람들이다: "So we fix our eyes not on what is seen, but on what is unseen"(고후 4:18).

성경 기자들은 하나님께서 고난과 고통을 견뎌낸 자들에게 주실 면류관에 대해서 여러 곳에서 말씀하였다: "나는 선한 싸움을 싸우고 나의 달려갈 길을 마치고 믿음을 지켰으니 이제 후로는 나를 위하여 의의 면류관이 예비되었으므로 주 곧 의로우신 재판장이 그 날에 내게 주실 것이며 내게만 아니라 주의 나타나심을 사모하는 모든 자에게도니라"(딤후 4:7-8). "시험을 참는 자는 복이 있나니 이는 시련을 견디어 낸 자가 주께서 자기를 사랑하는 자들에게 약속하신 생명의 면류관을 얻을 것이기 때문이라"(약 1:12). "그리하면 목자장이 나타나실 때에 시들지 아니하는 영광의 관을 얻으리라"(벧전 5:4). "너희가 십일 동안 환난을 받으리라 네가 죽도록 충성하라 그리하면 내가 생명의 관을 네게 주리라"(계 2:10).

자기 1: 거짓 자기

적지 않은 목회자들과 성도들의 경우에 내면을 좀 더 깊이 파고 들어가 보면 양파처럼 겹겹이 싸고 있는 '거짓자기'의 모습들로 채워져 있으며 여러 형태의 방어 기제들로 싸여 있는 모습을 본다. 공이로 찧어도 잘 벗겨지지 않을 것 같아 치유가 과연 가능할까 하는 의문을 던질 때도 있다: "미련한 자를 곡물과 함께 절구에 넣고 공이로 찧을지라도 그의 미련은 벗겨지지 아니하느니라"(잠 27:22). 흔히 말하는 자존감이 거짓자기의 모습을 취하고 있는 경우가 많다.

거짓자기 또는 허위자기는 심리학적으로 말하면 공감과 수용을 제대로 경험하지 못할 때 생기는 순응적인 자기다. 신학적으로 말하면 하나님과의 진정한 대상관계 없이 인간이 스스로 만들어낸 자기다.

위장된 형태 혹은 과장된 형태의 자존감을 진정한 자존감으로 알고 그것으로 삶의 기초를 삼고 살아가는 사람들이 너무 많이 있다. 막상 그 자존감을 떠받치고 있던 외적 조건이나 환경이 없어질 때 자신의 삶이 모래 위에 세운 집처럼 하루아침에 무너져 내리는 것을 보고 스스로 충격을 받으며 수용하기 힘들어한다. 그래서 깨어져 회복할 수 없는 그릇처럼 삶이 무너져 절망감과 무력감, 후회에 휩싸이게 된다.

성경적으로 볼 때 거짓자기는 예수 그리스도를 주로 고백하기 전에 갖고 있었던 옛 자기다. 거짓자기의 삶은 마음의 왕좌에 자신이 앉아 통제하며 자신의 뜻대로 주권을 행사하는 삶이다. 거짓자기의 삶은 예수 그리스도가 마음의 중심에서 역사 하는 것을 거부한다.

반면 예수님은 이 땅에 살면서 철저하게 자신의 뜻이 아닌 아버지의 뜻을 따라 사셨다. 예수님은 참자기의 삶을 백 퍼센트 구현하셨다. 예수님은 마음이 백 퍼센트 청결한 삶을 사셨다. 그는 성부 하나님을 눈으로 직접 보듯이 그 뜻을 알고 사셨다: "마음이 청결한 자는 복이 잇나니 그들이 하나님을 볼 것임이요"(마 5:8).

자기 2: 참자기 1

신앙적으로 참자기는 진리이신 예수님의 마음과 성령님의 마음을 반영한다. "진리를 알찌니 진리가 너희를 자유케 하리라"(요

8:32)는 말씀처럼 예수님의 마음인 '청결한 마음,' 즉 욕심으로부터 자유로운 마음에 진정한 기쁨과 치유와 감격과 창의성이 생겨난다. 비록 환경은 힘들고 물질적으로 넉넉하지 못하지만 내면으로부터 기쁨이 생수처럼 솟아오르는 것을 경험할 수 있다. 사마리아 여인이 길으려고 온 야곱의 우물물은 그녀의 욕심과 갈망, 갈구, 갈증을 잠시 해결해줄 수 있을지 모르지만 다시금 목마를 수밖에 없음을 상징한다. 명예, 물질, 교육, 성, 건강, 외모 그 어느 것도 인간 내면의 깊은 갈증을 결코 해결해줄 수 없다. 거짓 자기에 붙들려 헤어 나오지 못하는 한 우리는 계속 목마름을 경험할 것이다.

자기 3: 참자기 2

성도는 하나님의 형상이 회복되어 가는 성화의 삶을 산다. 옛 자기를 벗고 예수 그리스도 안에서 주어진 새 자기를 날마다 덧입는 삶을 산다. 이 새자기가 참자기다. 참자기의 삶은 하나님과 연결해서 자신의 정체성을 분명히 인식하는 삶이다. 삶의 의미와 목적에 대하여 분명하게 인식하며 사는 삶이다. 즉 "왜 나는 살고 있는가? 나는 무엇을 위해 살고 있으며 살 것인가? 나는 누구인가?"라는 질문에 대해서 신앙적인 대답을 자신 있게 할 수 있는 삶이다.

예수 그리스도를 위해서 죽기까지 낮아지는 자리에 이를 때에도 자신의 삶의 목적과 의미가 흔들리지 않는 사람이 참자기를 소유한 사람이다. 바울은 그런 삶을 살았다. 비천함에 처할 줄도 알고 풍부에 처할 줄도 아는 사람, 즉 범사에 자족하는 법을 배운 사람이 진정한 참자기를 발견한 사람이다(빌 4:11-12 참조).

"누구든지 나를 좇아오려거든 자기를 부인하고 자기 십자가를 지고 나를 좇을 것이니라"(마 16:24)는 예수님의 말씀에서 '자기 부인'은 종종 크리스천들에게 혼동을 주는 개념이다. 그러나 참자기와 거짓자기의 개념을 사용하면 그 의미를 보다 선명하게 설명할 수 있다. 자기 부인의 자기는 옛자기다. 예수 그리스도를 만나기 전에 살았던 원래의 자기는 거짓자기다. 예수 그리스도와의 대상관계가 없이 생긴 자기는 거짓자기다. 아울러 자기부인이란 거짓 자기를 배제하며 자신의 욕심을 내려놓는 과정을 말한다. 이기적인 모습과 욕심에 찬 모습이 있는 것을 없다고 부인하는 것은 자기기만이지 자기부인이 아니다. 계속적으로 거짓자기인 옛자기의 옷을 매일 벗고 예수 그리스도로 새 옷을 덧입는 새자기 혹은 참자기가 될 때 새로운 피조물로 변화되는 삶을 살 수 있다.

자기 4: 자기 부인 1

뿅뿅이는 튀어나오는 것을 망치로 때려 점수를 내는 게임기이다. 하나를 때리면 다른 것이 튀어나오고 어떤 때에는 거의 동시에 두 개가 튀어나온다. 게임이 끝날 때까지 잠시라도 방심하면 튀어나왔다가 금방 쏙 들어가기 때문에 망치로 때려도 점수로 연결되지 않는다.

자기를 부인하는 것은 옛 자기를 날마다 죽이는 것을 의미한다. 거듭나기 전에 살았던 옛 습관과 관점과 태도를 죽이는 것을 의미한다. 뿅뿅이 게임기처럼 여전히 살아 있어서 올라오는 옛 자기를 매일 십자가에 못박아야 거룩과 경건의 삶을 살 수 있다. 우리는 이미 예수 그리스도의 십자가 사건 현장에서 그리스도와 함께 못박혀 죽음으로써 죄에 대해서는 죽은 자들이다: "죄에 대하여 죽은 우리가 어찌 그 가운데 더 살리요 무릇 그리스도 예수와 합하여 세례를 받은 우리는 그의 죽으심과 합하여 세례를 받은 줄을 알지 못하느냐"(롬 6:2-3). 그러나 역설적으로 여전히 살아있는 옛 자기를 그리스도 안에서 매일 죽이는 삶을 살아야만 한다: "나는 날마다 죽노라"(고전 15:31).

자기 5: 자기 부인 2

하나님께로 가까이 나아가는 길은 바로 예수님께서 가신 길을 좇는 길이다. 그 길은 자주 "자기를 부인하고 자기 십자가를 지고 따르는" 과정이기 때문에 말처럼 쉬운 것이 결코 아니다. 자기의 개인적인 생각이나 욕망, 그리고 삶의 철학을 예수님의 가르침에 순종시키는 삶은 희생과 철저한 자기 부인을 요구한다. 그것은 매일 십자가에 달리는 삶이다. 김서택 목사님은 설교 중에서 우리가 지는 십자가는 조립식이라고 표현한 적이 있다. 매달렸다가도 성질이 나면 못을 빼고 내려와서 옛 모습대로 행동하고 또 다시 십자가에 올라가서 못을 끼우고 매달리는 모습이 우리의 모습이라는 것이다. 성령 안에서 행할 때 이 빈도가 줄어들 것이다.

자기 6: 자기 돌봄

죽도록 충성하는 것은 최선을 다하는 태도를 의미한다. 또한 죽을 때까지 변함 없이 충성하는 것을 의미한다. 무리해서 건강을 해치거나 과로로 쓰러지는 것은 미련한 행동이다. 하나님은 사역 현장에서 스스로 돌보는 것을 이기적이라고 보시지 않는다. 인간은 밤의 수면을 통해서 쉼이 필요한 존재라는 것을 잘 아신다. 자신의 몸과 가정을 사역이란 미명으로 남용하는 것은 지혜롭지 못하다. 자신을 돌보며 가족을 돌아보는 것도 건강한 자기 사랑이자 자기 돌봄이다.

자기 7: 연극성과 자기애성 성격장애

남녀노소를 불구하고 인간에게는 인정받고 싶은 욕구가 있다. 성장기에 인정 욕구에 결핍이 생기면 열등감을 가진 사람이 될 가능성이 높다. 그래서 성장한 후에도 다른 사람들을 통해 자기의 괜찮음을 반복해서 확인하고픈 욕구를 계속 갖게 된다. 그러면 연극성 성격장애나 자기애성 성격장애를 가진 사람이 될 수 있다.

연극성 성격장애자의 주요 욕구는 사람들로부터 관심과 주목을

끄는 것이다. 자기애성 성격장애자들은 스스로 만든 환상의 '자기-대상'으로부터 인정받는 상상과 공상을 하는 경향이 있다. 인정해주면 좋지만 인정해주지 않아도 타인에 의해 영향을 크게 받지 않는다. 반면 연극성 성격장애는 인정받지 못하면 우울감과 공허감을 느낀다. 적지 않은 연예인들이 대중의 관심이 줄어들 때 힘들어하는 이유가 여기에 있다. 성장기에 적절하게 인정받는 것은 심리적 성장에 중요한 역할을 한다.

자기심리학자인 하인즈 코헛(Heinz Kohut)은 인정 경험을 공감 경험으로 표현했다. 응집력 있는 자기를 가진 사람으로 성장하려면 적절한 공감 경험이 필요하다고 주장했다. 그는 성장기만 아니라 평생에 걸쳐서 공감 경험은 중요하다고 보았다.

자기 8: 경계선 성격장애

경계선 성격장애의 특징을 한마디로 표현하자면 '불안정성'이다. 경계선 성격장애자는 극단적인 인간관계를 맺는다. 좋아하면 결점을 보지 못하고 아주 좋아하다가 조그만 상처를 받거나 조그만 결점을 보게 되면 상대방을 완전히 싫어하고 분노하며 미워한다. 시간이 흐르면 후회하고 다시 상대방을 이상화한다. 냄비처럼 금방 뜨거워졌다가도 금방 식는 성격이다. 그리고 즉각적인 반응이 없을 때 인내하고 기다릴 수 있는 힘이 약하다. 극단적으로 취약한 내담자는 상담 과정에서 다음 상담 시간까지 기다릴 수 있는 힘이 약해서 당장 자신을 위해 시간을 내주지 않으면 자살하겠다고 위협하는 행동을 보이기도 한다.

경계선 성격장애가 있는 신앙인은 하나님과의 관계에서도 불안정하다. 믿음도 불안정하며 교회출석도 불안정하다. 성도들과의 관계에서도 불안정하다. 목회자를 이상화하거나 평가절하 함으로써 안정된 교회생활을 하기가 어렵다. 하나님이 기도 응답을 늦추시면 분노하거나 자기를 폄하하며 심하면 자살충동 마저 느낀다. 이런 성도는 심리치료가 꼭 필요하다. 장기적인 상담관계를 통해서 대상항상성을 경험해야 신앙도 성장할 수 있다.

자기 9: 이기적인 자기사랑

자기중심적인 사랑 때문에 해체되어 가는 현대 사회의 모습이 디모데후서 3장 1-5절에서 지적한 말세의 인간상에서 잘 나타난다: "자기를 사랑하며 돈을 사랑하며 자랑하며 교만하며...감사하지 아니하며...무정하며...배신하며...자만하며 쾌락을 사랑하기를 하나님 사랑하는 것보다 더하며." 자기만 사랑하는 인간과 이기적인 사회의 모습은 분명히 병적이며 죄악적이다. 이웃사랑을 실천하지 않는 것은 이웃을 만드신 하나님에 대한 불순종이며 죄악이다. 이기적인 인간이나 사회는 오래 지탱할 수 없으며 거기에는 진정한 기쁨과 평화가 존재할 수 없다. 이런 모습을 정신의학에서도 자기애성 성격장애 또는 싸이코패스 또는 소시오패스라고 진단한다.

자기 10: 자기사랑의 양면성

죄를 범한 아담 이후의 모든 인간은 근본적으로 자기애적 존재이다. 자기중심적이며 남을 위한다고 하면서도 실상 그 내면을 살펴볼 때 자기애적인 면이 있음을 부인할 수 없다. 사람들 중에는 병적으로 자기애적인 면에 집착하는 사람들이 있다. 반대로 병적으로 자기를 수용하지 못하며 자기를 혐오하며 살아가는 사람들이 있다. 이들은 모두 기독교 복음 안에서만 가능한 진정한 자기수용과 자기 사랑이 필요하다. 그러나 복음은 거기에서 멈추지 않는다. 하나님으로부터 사랑과 은혜를 입은 자는 이웃을 향하여 사랑과 은혜를 베풀며 살 수 있어야 한다.

이웃 1: 분열성 성격장애

하나님을 의지하지 않고 살아가는 인간은 마치 자기 충족적인 삶을 사는 분열성 성격장애자와 비슷하다. 위로 향하는 욕구 자체가 없으며 위로부터의 개입을 싫어하며 관심을 갖지 않는 인간은 영적으로 분열성을 갖고 있다.

하나님은 아담을 만드신 후에 그가 독처하는 모습이 좋아 보이지 않아서 그와 더불어 살 수 있는 하와를 창조하셨다. 자신만의 세계에서 살다 가는 인간은 불행하다. 분열성 성격장애를 갖고 살면 하나님을 사랑하고 이웃을 사랑하라는 하나님의 뜻을 실천하지 않고 사는 죄를 날마다 짓고 있다는 점을 인식해야 한다.

이웃 2: 공감

예수님은 성도들이 스스로 짐을 지고 갈 수 없는 이웃의 짐을 함께 져주며 그들이 겪고 있는 슬픔과 고통을 위로하길 원하신다.

성도의 사명은 예수님이 하시던 일을 이어서 하는데 있다. 이 일을 할 때 우리는 타인의 아픔과 슬픔을 공감할 수 있는 마음을 달라고 기도해야 한다. 즉 예수님의 심정을 달라고 기도해야 한다. 인간의 공감 능력은 매우 한계가 있기 때문이다.

이웃 3: 경계선 성격장애

경계선 성격장애를 가진 사람은 타인들을 '완전히 좋은 사람들' 혹은 '완전히 나쁜 사람들'의 두 그룹으로 나누어 이해하고 관계한다. 이것은 어린 아이의 심리적 특성이다. 조울증의 경우에서도 비슷한 특징이 있다. 조울증 자체가 극단적인 것이 특징이다. 기분이 뜨면 너무 좋고 희망적이다가도 기분이 가라앉으면 너무 심하게 우울하다. 본인만 힘들 뿐 아니라 주변에 관계하는 사람도 대하기가 무척 힘들다. 경계선 성격장애나 조울증이 있으면 이웃 사랑을 제대로 할 수 없다.

이웃 4: 정신분열증(조현병)

상담을 하다보면 일부 내담자들이 비합리적이거나 비현실적인 이야기를 하는 것을 듣는다. 예를 들면, 모든 사람들이 다 자기를 싫어하고 미워한다는 것이다. 몇 명이 그럴 수는 있을 것이다. 그러나 모든 사람이 자기를 싫어한다는 것은 비현실적인 생각이다. 어떤 내담자들은 편집증 증상을 드러낸다. 전철을 타면 다 사람들이 자기를 쳐다보고 거리를 다닐 때에도 사람들이 다 자기를 주목한다고 이야기한다. 사람들이 자기를 비난하고 있다고 생각하며 심지어는 자기를 해치기 위해 공모하고 있다는 망상까지 갖는 이도 있다. 망상 장애와 함께 환각(환청, 환시, 환촉, 혹은 환후)이 있고 정서적 무감각, 그리고 사회적 철퇴가 동반될 때 정신 분열증으로 진단될 가능성이 높다.

정신 분열증은 과거의 여러 부정적 경험으로 인한 심리학적 원인과 신경전달물질의 불균형으로 인한 생물학적 원인이 있다. 영적 원인도 배제할 수 없다. 사고의 왜곡으로 일어나는 망상은 환자 자신이 모르는 사이에 점진적으로 생겨나기 때문에 환자는 망상을 현실로 인식할 수밖에 없는 안타까움이 있다. 지속적인 관심과 사랑으로 일관성 있게 돌보아주어야 한다. 초기에 진단하여 입원치료하면 매우 효과적이다. 정신분열증은 약물치료가 꼭 필요하다.

이웃 5: 병적인 사랑

상대방은 통제와 조종을 받는다고 느끼며 불편하게 느끼는데 사랑한다는 미명으로 상대방에게 다가서는 것은 건강한 사랑이 아니다. 역기능 가정의 부모들 중에는 자식을 사랑한다고 하면서 자녀의 숨통을 막는 사랑을 하면서도 인식하지 못하는 이들이 있다. 자식이 상처를 받고 있음에도 불구하고 왜 상처받느냐고 반문하는 부모도 있다.

'스토킹'은 자기애적 사랑이 왜곡된 형태로 나타나는 정신적인 병이다. 상대방을 일방적으로 좋아하고 이상화하며 상대방이 싫어하고 피하는데도 상대방이 자신을 사랑하고 있다고 생각하고 계속 집착하며 괴롭히는 것이다. 당연히 이것은 이웃사랑이 아니다. 치료가 필요한 병이다.

이웃 6: 배우자 폭력

배우자에게 계속 폭행을 당할 때 언제까지 참고 견뎌야 하는가라는 질문은 쉽게 대답하기가 어렵다. 이 현실적인 질문에 대하여 대답하기 위해서는 신적 지혜와 보편적 지혜가 모두 필요하다. 성도는 하나님의 말씀인 성경에서 발견할 수 있는 신적 지혜를 사용하면서도 구체적인 영역에 있어서 상식적이며 보편적인 지혜를 아울러 잘 사용해야 한다. 따라서 배우자의 폭력에 대응할 때에 구체적인 예방책과 치료 방안을 강구하는 지혜가 필요하다. 단순히 수동적으로 기도하면서 견디는 것은 지혜롭지 못하다. 가정 폭력이 배우자의 성격장애나 알코올 중독과 관련된 것인지를 알고 폭력이 지속되지 않도록 대책을 세워야 한다.

폭력을 사용하는 불신 배우자와의 결혼 관계 속에서 신앙을 택할 것인지 아니면 결혼을 택할 것인지를 선택해야 하는 기로에 처할 때가 있다. 이때에는 성도의 우선순위는 잠정적 관계가 아닌 영원한 관계인 하나님과의 관계에 있음을 분명히 해야 올바른 판단과 결단을 내릴 수 있다. 바울은 믿지 않는 배우자와의 결혼 관계에 대해서 다음과 같이 조언하였다: "혹 믿지 아니하는 자가 갈리거든 갈리게 하라 형제나 자매나 이런 일에 구애될 것이 없느니라"(고전 7:15).

폭력을 계속해서 행사하면서도 이혼을 반대하며 놓아주지 않는 배우자들이 있다. 이런 경우에는 어떻게 신앙적으로 접근해야 할지 난감할 수 있다. 단순하게 언급하는 것은 무리지만 다음과 같이 몇 가지로 입장을 정리할 수 있다. 첫째, 폭력은 하나님의 형상을 회복하는 것을 거스르는 죄악이다. 그것은 회복해 가는 하나님의 형상을 파괴하는 행위이며 신앙을 가진 아내를 창조하시고 사랑하시는 하나님께 도전하는 행위이다.

둘째, 상습적인 가정폭력은 사회적으로도 처벌받아야 하는 범죄행위다. 미국에서는 상담 중에 내담자가 가정 폭력이 있음을 상담자에게 이야기할 때 상담자는 경찰이나 가정폭력 방지 기관에 이 사실을 알려야 할 법적 의무가 있다. 가해자는 배우자의 의사와 상관없이 감옥행이 될 수 있을만큼 가정폭력은 중대한 범죄행위다.

셋째, 특히 신앙생활을 하지 못하도록 아내를 위협하거나 폭력을 행사하는 것은 신앙의 자유와 양심의 자유를 거스르는 행위다. 그런 의미에서 마귀적이다. 크리스천 정신과 의사인 스코트 펙은 그의 아들이 어느 날 그에게 '악' (evil)이라는 명사를 거꾸로 놓으면 '살다'(live)라는 동사가 된다고 이야기한 내용을 그의 책『거짓의 사람들』(두란노)에서 언급한다. 그 아이가 통찰한 것처럼 악의 특성은 살리는 것이 아니라 죽이는 것이며 파괴하는 것이다. 단어 'evil' 앞에 d를 붙이면 'devil'(마귀)이 된다. 마귀는 악과 거짓의 아비다. 마귀는 항상 파괴적이다. 그런 의미에서 신앙을 반대하기 위한 폭력뿐만 아니라 여러 이유를 들어 폭력을 상습적으로 행사하는 것은 마귀적이다.

넷째, 상습적인 폭력을 계속 당하면 피해자가 가해자의 생각에 동조하는 사고의 혼란이 일어난다. 독립적이며 합리적인 사고를 할 수 없다. 가해자의 말과 행동을 비판할 수 있는 인지 능력이 손상된다. 더구나 폭력 과정에서 두뇌의 손상이 일어날 때 사고장애나 정서장애를 평생 갖게 될 위험성이 있다. 특히 신체 폭력은 피해자의 자존감을 여지없이 무너뜨리기 때문에 목회자나 상담자는 이에 대한 인식과 치료책을 강구할 필요가 있다. 피해자를 위해서 가해자로부터 물리적인 격리와 보호가 필요하다. 가해자를 위해서는 적절한 법적인 제재와 아울러 일정한 기간 동안 상담과 재활 과정을 밟도록 도와주어야 한다. 극단적이며 고질적인 경우에 이혼을 차선의 방안으로서 고려하도록 돕는 것이 필요하다. 그러나 인내의 과정이나 치료적인 노력 없이 고통을 회피하기 위한 방법으로서 쉽게 이혼을 처방하는 것은 성경적인 정신이 아니며 또 건강한 방안도 아니다. 반대로 어떤 경우에도 이혼은 불가능하다고

한 크리스천 상담학자의 묵상

못 박고 피해자로 하여금 폭력 시스템 속에서 계속 상처와 피해를 입도록 방임하는 것도 성경적으로 균형 잡힌 방안이 아니다.

다섯째, 폭력을 행사하는 배우자는 자존감이 매우 낮으며 여러 성격장애들을 아울러 갖고 있을 가능성이 높다. 반사회성 성격장애와 자기애성 성격장애를 갖고 있을 가능성이 높다. 성격장애자는 병식 혹은 통찰 능력이 약하다. 따라서 단기적인 상담은 효과가 별로 없다. 또한 폭력을 행사하는 배우자들은 많은 경우에 알코올 중독이나 우울증을 겸해서 갖고 있다. 따라서 단순히 알아듣도록 설득한다고 해서 폭력행동을 멈출 것이라고 순진하게 생각해서는 안 된다. 알코올 중독자들의 두뇌를 촬영한 SPECT 사진을 보면 사고, 정서, 충동조절 기능을 담당한 뇌세포 부분에서 심각한 기능손상이 있는 것을 알 수 있다. 이들은 머리 겉모양만 보면 멀쩡하고 술을 안 먹을 때는 착하게 보인다. 그러나 실제 뇌의 속은 상징적으로 표현하자면 큰 구멍들이 여기 저기 뚫려있어서 기능이 안 된다. 이들에게는 알코올 중독 치료가 필요하고 여러 성격장애 요소들에 대해서 장기적인 심리 치료가 필요하다. 영적으로 이들은 마귀의 권세에 붙들려 있는 자들이다. 이들에게는 치료와 회복 및 법적 제재가 필요하다. 아울러 마귀의 권세에서 풀려나도록 하나님께 기도해야 한다.

구체적인 노력을 해나가는 과정은 말처럼 그렇게 단순하지 않다. 인내하면서 신적인 지혜와 보편적인 지혜를 최대한 활용하는 것이 필요하다. 그리고 수치감 때문에 피해 가족 혼자서 고통을 감내하지 않도록 교회 공동체가 지지 그룹을 통해 관심과 기도와 지원을 아끼지 말아야 한다.

이웃 7: 성격장애와 병식

안타깝게도 성도들이 교회 안에서 상처를 입을 경우가 적지 않다. 목회자로부터 상처를 받을 때가 있다. 설교나 말 한마디에 상처받을 수 있다. 장로나 권사 혹은 집사로부터 상처를 받을 때도 있다. 믿음이 좋다고 하는 분들 중에 성격장애가 심한 분들이 종종 있다. 이들은 병식이 없거나 적어서 자신이 다른 사람들에게 상처를 입히는지조차 깨닫지 못한다. 교회 지도자들의 성격장애는 꼭 인식되고 치료되어야 한다. 성격장애의 중요한 영역이 대인관계다. 지도자가 성격장애가 있으면 따르는 자들에게 상처를 줄 위험성이 높다.

이웃 8: 연약한 지체를 배려하기

연약한 지체일수록 조심스럽게 대할 수 있는 배려와 공감이 교회 공동체에서 필요하다. 똑같은 말에도 어떤 사람들은 상처를 받는 반면 어떤 사람들은 상처를 받지 않고 넘어간다. 특히 교회의 지도자들은 성도들 중에는 상처를 쉽게 받는 사람들도 있음을 인식하고 매사에 배려하는 자세를 가져야 한다. 형제를 실족시키지

한 크리스천 상담학자의 묵상

않도록 조심하는 삶이 필요하다. 자신 때문에 혹시라도 실족하는 사람이 있지 않을까 조심하며 매사에 덕을 세우는 삶이 필요하다. 바울은 이 사실을 늘 인식했다. 그는 사역자로서 재정적인 도움을 받을 수 있는 권리를 사용하지 않았다: "우리가 이 권리를 쓰지 아니하고 범사에 참는 것은 그리스도의 복음에 아무 장애가 없게 하려 함이로다"(고전 9:12). 심지어 그는 먹는 문제에 있어서 믿음이 약한 형제들을 실족하게 하는 경우라면 고기를 영원히 먹지 않겠다고 말하기조차 했다: "그러므로 만일 음식이 내 형제를 실족하게 한다면 나는 영원히 고기를 먹지 아니하여 내 형제를 실족하지 않게 하리라"(고전 8:13). 이와 같이 약한 자들을 배려하며 이해하는 태도가 오늘날 한국교회 목회자들과 성도들에게 절실히 요청된다.

이웃 9: 상처받을 수 있는 용기

상처를 잘 받는 성도들은 스스로 자신의 문제점을 직시하고 성장해가려고 노력해야 한다. 언제까지나 다른 사람들의 배려만 받고 사는 인생이 되어서는 안 되기 때문이다. 상처받는 것이 두려우면 세상 밖으로 나올 수 없다. 자녀를 세상 밖으로 내놓을 수 없다. 그러면 온실에서 자란 화초처럼 되어버린다. 모험이 필요하다. 상처를 받더라도 밖으로 나와야 한다.

더 나아가 상처가 반드시 부정적인 것이 아니라는 인식을 할 수 있어야 한다. 마치 고난과 고통이 성도의 삶에서 하나님께 더 가까이 가게 하듯이 상처받는 것도 다른 사람들을 보다 깊이 공감하는 데 큰 자원이 될 수 있다. 상처를 딛고 일어설 수 있다면 '상처 입은 치유자'로서 타인을 유익하게 할 수 있다.

이웃 10: 이웃사랑 1

복음 안에서 자기를 사랑하며 수용하며 인정하는 사람은 건강하게 사랑하는 것이 무엇인지를 경험했기 때문에 이웃을 사랑할 때에도 건강하게 사랑할 수 있다. 자신이 함몰될 정도까지 사랑한다든지 아니면 이웃의 영역을 침범할 정도까지 사랑하지 않는다.

이웃 11: 이웃사랑 2

예수님은 선한 사마리아인의 비유를 통해 도움을 필요로 하는 자나 도움을 청하는 자가 우리의 이웃이라고 말씀하셨다. 더 나아가 도움을 필요로 하는 자가 비록 신앙과 성과 언어가 다르고, 문화와 피부색이 다를지라도 차별하지 않고 돕는 것이 성경적인 이웃사랑이다. 이웃을 하나님의 형상을 지닌 귀한 존재로 보고 다가설 수 있는 마음의 태도가 필요하다. 우리는 누가 하나님이 선택하신 자인지 알 수 없다. 따라서 모든 사람들을 하나님의 형상을 가진 자로서 바라보고 사랑하는 것이 성도들이 할 도리이다.

더 나아가 가장 가까운 이웃은 가족이다. 바울은 아내 사랑하는

한 크리스천 상담학자의 묵상

것을 자기 사랑과 연결해서 말씀했다: "남편들도 자기 아내 사랑하기를 자기 자신과 같이 할지니 자기 아내를 사랑하는 자는 자기를 사랑하는 것이라"(엡 5:28). 남편에게 가장 가까운 이웃은 아내다. 아내를 사랑하는 자는 자기를 사랑하는 것이다. 바울은 더 나아가 "누구든지 자기 친족 특히 자기 가족을 돌아보지 아니하면 믿음을 배반한 자요 불신자보다 더 악한 자니라"(딤전 5:8)라고 가족사랑이 이웃사랑에 포함됨을 강조하였다.

이웃 12: 이웃사랑 3

율법의 핵심은 "하나님을 사랑하라 그리고 네 이웃을 사랑하라"로 귀결되어진다고 예수님은 말씀하셨다. 예수님은 우리를 위하여 이 율법의 요구를 완전히 성취시키셨다. 예수님이 이 율법의 요구를 성취했다고 해서 하나님을 사랑하지 않아도 되고 이웃을 사랑하지 않아도 되는 것은 아니다. 사랑하라는 명령을 우리가 순종할 때 하나님의 뜻이 이루어진다. 이웃 사랑은 선택 사항이 아니다. 이웃 사랑은 명령이다. 이웃 사랑을 실천하면 하나님의 뜻이 하늘에서 이루어지는 것 같이 이 땅에서도 이루어지는 것이다. 이웃 사랑을 실천하면 우리의 주변이 건강해진다.

이웃 13: 짐을 나누기

남의 짐은 잘 져주면서 막상 자신의 짐을 남에게 맡기지 못하는 사람들이 있다. 살다보면 남을 도울 때가 있고 남의 도움을 받아야 할 때가 있다. 내가 남을 도와주는 것처럼 남도 나를 도와줄 수 있다는 사실을 받아들일 수 있는 건강한 자존감이 필요하다. 자존감이 낮은 사람은 자신이 남을 도와주는 것은 좋아하지만 막상 자신이 도움을 받아야 할 처지가 될 때 다른 사람이 자신을 도와주려고 하면 거절하거나 화를 내기까지 한다. "너희가 짐을 서로 지라 그리하여 그리스도의 법을 성취하라"(갈 6:2)고 말씀한 바울 사도는 도움을 서로 주고받는 것이 이웃 사랑의 성취임을 잘 표현했다.

바울은 "너희가 짐을 서로 지라"(갈 6:2a)고 권면하면서 동시에 "각각 자기의 짐을 질 것임이니라"(갈 6:5)고 덧붙임으로써 자신이 져야 할 짐과 다른 사람들에게 맡겨야 할 짐이 있음을 구별하였다. 성도는 이웃이 필요로 할 때 짐을 나누어 질 수 있어야 한다. 그렇게 함으로써 "이웃을 내 몸과 같이 사랑하라"고 하는 "그리스도의 법"(갈 6:2b)을 성취하는 것이다.

이웃 14: 하나님의 나라

하나님의 나라를 잘 나타내는 은유는 오케스트라이다. 하나님이 지휘자이며 우리는 오케스트라 단원들이다. 단원들은 자기가 맡은 몫의 악기만 잘 연주하면 된다. 다른 단원들의 악기 소리를 들으며 지휘자의 지휘에 따라 연주하기만 하면 전체 악기 소리들이 어울려 교향악을 이룰 수 있다. 바이올린을 연주하는 사람은 바이올린만 최선을 다해 연주하면 된다. 바이올린 주자가 첼로 소리가 마음에 들지 않는다고 자기가 첼로까지 맡아서 연주하려고 한다면 오케스트라는 제대로 연주를 할 수 없다. 다른 주자들을 동료로서 존경하고 인정하는 동시에 자신이 맡은 악기에 대한 책임감과 자부심을 갖고 연주하면 하나님의 나라라는 오케스트라는 아름답게 하모니를 연출할 수 있다.

지휘자를 빼고 오케스트라에서 제일 바쁜 주자들은 주선율을 주로 연주하는 제 1바이올린 주자들이다. 만약 제 1바이올린 주자가 속으로 생각하기를 "나는 활을 한번 씩 그을 때마다 백 원, 이백 원, 삼백 원이 되는데 뒤에 있는 팀파니 주자는 팀파니를 한번 씩 칠 때마다 만원, 이만 원, 삼만 원 씩 올라가서 봉급을 똑같이 받는 것은 너무 불공평해"라고 생각한다고 하자. 그러면 자신이 맡은 제 1바이올린 주자로서의 기쁨과 자부심이 사라질 것이다. 대신 팀파니 주자에 대하여 질투심과 분노를 느낄 것이다. 하나님의 나라라는 오케스트라의 일원으로서 함께 연주할 수 있는 기회가 주어진 것을 감사하자. 다른 단원들이 자신과 경쟁의 상대가 아니라 함께 하모니를 이루어 가는 동료이며 하나님 나라의 동역자임을 깨닫는 성숙함이 우리 모두에게 필요하다.

한 크리스천 상담학자의 묵상

초판 1쇄 인쇄 2016년 4월 25일
초판 1쇄 발행 2016년 4월 30일

지은이   이관직
발행인   문희경
발행처   도서출판 지혜와 사랑

출판등록   제 2015-000007호
등록일자   2015년 04월 14일
주소   경기도 구리시 건원대로 56 303-401호
문의   070-8879-7731
E-mail   headnheart@naver.com
까페   http://cafe.daum.net/headnheart
총판   비전북(031-907-3927)

ISBN 979-11-957392-1-9 03230

값 12,000원